# 尚真唯实 清心笃行

王志宏　张振明

人民出版社

## 绪言絮语

本书两位编者，一位是教书匠，一位是编书匠，同为爱书之人；又是同乡和校友，90年代在江西上大学本科时，同住一栋宿舍楼的同一层，你来我往，对介于政治与哲学之间的话题有着同样的探讨兴趣。1996年，时任江西省委书记的吴官正同志出版了著作《庙堂之高 江湖之远》，其中不少针砭时弊、话风犀利的言论，也成为这两位学子课后的讨论话题。让人意想不到也很凑巧、很有趣的是，其中的一位，由吴官正同志著作的读者，变成了他日后几部著作（《汉水横冲》、《正道直行》、《民贵泰山》）的编者（责任编辑）。在这几部新著陆续出版的两年多时间内，这两位爱书之人相互之间对新著中的许多思想观点，又陆续有了更多更深的探讨和交流。他们同时感到这三部新著和早先出版的《庙堂之高 江湖之远》一样，其中有许多富有思想个性和启发意义的论述，特别是其中蕴涵了一些共通的政治哲学与政治伦理话题，于是他们便萌发了把以往此类所谈所议、所思所想进行系统梳理和整合的念想。其心得最终以本书的形式呈现出来。

全书分“政言札记”、“选文浅议”、“释典杂述”、“掩卷感评”四大篇。在前两篇中，编者分别对吴官正同志著作中富有思想个性的部分话语论述、精彩短文作了分类摘录和选编，撰写了札记和感言。“政言札记”篇的12个主题，内容涉及诸如责任伦理意识、全局观念、群众观、权力观等政治从业者的有关意识观念，涉及政治职业背后的伦理观与历史观，涉及改革开放事业与党风廉政建设工程中的理论与实践创新，涉及用人之道与读书之道。在编者看来，吴官正同志著作为这些不同层面政治话题所提供的解答，对于政治从业者来说，特别是年轻的干部群体来说，具有特别的为政参考价值和教育意义。“选文浅议”篇所编选的文章，多为即席讲话、发言或撰写的书信，大都直抒胸臆，情真意切，体现出朴实、求实、唯实的思想工作作风和文风。该篇5大部分，生动反映和体现出对于我们党实事求是路线的强调与弘扬，对于年轻干部和青年学子的殷殷期望，以及对于文化传统和生态自然的特有关注。同时，作为相关内容的特别性链接和延伸性阅读，这两大篇中还穿插收录了“旧闻忆事”、“网络热评”两类材料。近几年，编者作为责任编辑在出版吴官正同志著作过程中，陆续收集了一些过去发表在《人民日报》、《光明日报》、《文汇报》等报刊媒体上有关于吴官正同志的新闻报道；当时这些报道中提供的很多具体事例，今天读来生动有趣，富有启发意义。“旧闻忆事”中的内容，大部分即摘选自这些过去公开的新闻报道；还有一部分则来自于近年来在湖北、山东、江西召开的几次出版座谈会上一些当事人的回忆性发言材料。我们相信，这些内容将有助于我们更真切地感受、更深刻地理解吴官正同志的所言所论。“网络热评”，则是网络空间中对于吴官正同志著作观点的有关热络评述，记录了网友们自由而真实的有关发帖留言。但由于相关网评网文数量众多，本书所收内容难免挂一漏万。在此，谨向原作者表示谢意。

本书后两篇“释典杂述”、“掩卷感评”，则分别试图通过对吴官正同志著作中所运用的古语典故的阐释分析、对其文其人的分篇品评和分段诠释，为读者更好理解其著作的主要精神内涵提供某种有益的参考和帮助。吴官正同志虽然是理工科出身，但好学勤学，阅读领域广泛，并善于学为己用。正因为如此，阅读其著作，我们能深刻感受到作者言谈话语中的文史底蕴。“释典杂述”篇，对其著作中运用的典故、古诗文等进行了注解，并作出了某种阐发。在此有必要说明的是，这一注解并非严格的学术性考证，其中参考和沿用了文史材料中被普遍认可的诸多一般性提法，还有不少内容属编者自身的有感而发，故此篇内容以“杂述”概言之。“掩卷感评”篇，收录了三篇发表在《光明日报》上的书评；同时收录的两篇早期发表的介绍报道吴官正同志在清华大学求学时期和在武汉市葛店化工厂工作时期先进事迹的新闻通讯文章，则从人如其文、文如其人的角度，对其著作作了一种有意义、有趣味的补充与互证。

本书内容属编者的一孔之见、一家之言，其中的错漏之处，恳请读者指正。特别是吴官正同志长期从事经济领导工作与管理工作，在这些方面同样有着许多真知灼见和独特思想；但囿于编者自身的视野和学识，难以在本书中对此方面内容作出梳理和阐论。这不能不说是一个很大的遗憾。但编者期许通过本书，能引起大家对一般性政治问题更深、更广的思考与探讨。

2011 年 10 月

# 目 录

## 56 高压态势与震慑效应：心理学缘由

◎ 要深挖腐败分子，让他们政治上身败名裂，经济上倾家荡产，思想上后悔莫及。

◎ 不能因为怕得罪人而不去办案，要保持查办案件的高压态势。

◎ 少数领导干部的家属和身边工作人员，利用领导的职务和影响，呼风唤雨，翻云覆雨，甚至无恶不作，实在令人担忧、吃惊。

◎ 要慎用、用好党内审查措施，所办案件要经得起历史检验。

## 62 反腐与惩恶：三驾马车

◎ 品行好，人不忍为恶；制度好，人不能为恶；法制严，人不敢为恶。

◎ 要加大预防力度，像扁鹊的大哥那样，治病于未发之前。发现一些同志有苗头性问题，要像扁鹊的二哥那样，治病于初起之时，与人为善，早打招呼，改了就好。对腐败分子，要像扁鹊那样，动手术，下猛药，严肃查处。

◎ 不要以为一味地严刑峻法，多杀人就可以治得了腐败。武则天重用酷吏，鼓励告密；朱元璋杀了许多贪官污吏，甚至剥皮实草，还搞东厂、西厂，但最终效果都不好。

◎ 我们调查惩处了一个腐败分子，是一个成绩；如果我们通过办案发现制度上的漏洞，制定或者健全了一项法规制度，就会防止出现一批腐败分子，这是更大的成绩。

◎ 制度要行得通、做得到。

## 71 民族复兴与重生：改革的历史性使命

◎ 改革要有三股劲：闯劲、韧劲和狠劲。

◎ 武汉毛巾厂发生的对抗改革行凶杀人事件，充分说明改革是一场深刻的革命，必然遇到一些顽固势力的抵制和反抗。

◎ 改革到哪里，经济效益就会到哪里，这就是改革的真理。

◎ 要把思想搅动起来，敢于创新，敢于突破，敢于担风险。

◎ 城市经济体制改革是一项巨大的社会系统工程。这就要求运用系统论的观点，搞好全面配套改革。

## 篇三　释典杂述

202 能攻心则反侧自消，从古知兵非好战；
不审势则宽严皆误，后来治蜀要深思
牢骚太盛防断肠，风物长宜放眼量
203 弱势只因多算胜，兵强却为寡谋亡
思难而难不至，忘患而患反生
204 半亩方塘一鉴开，天光云影共徘徊；
问渠那得清如许？为有源头活水来
其身正，不令而行
206 以其昏昏，使人昭昭
须信春风无远近，维舟处处有花开
207 国兴福连黎庶，国亡祸及家身
天下之福，莫大于无欲；天下之祸，无大于不知足
208 贪欲者，众恶之本；寡欲者，众善之基
209 上有所好，下必甚焉
诸葛一生唯谨慎，吕端大事不糊涂
210 居高声自远，非是藉秋风
峣峣者易缺，皦皦者易污
211 我自不开花，免撩蜂与蝶
为政之道在于安民，安民之道在于察其疾苦
212 意莫高于爱民，行莫厚于乐民
清心为治本，直道是身谋
213 民惟邦本，本固邦宁
等因奉此
廉者，民之表也；贪者，民之贼也
214 虽九死其犹未悔
临大节而不可夺之风
吾日三省吾身
215 感于哀乐，缘事而发
专听生奸，独任成乱
216 勤俭于身，恩加于人
公生明，廉生威
218 以公灭私，民其允怀

## 篇四　掩卷感评

# 引 言

## 追问政治何为　还原治政之道

何为政治？政治何为？这是值得政治家们和每一位政治从业者认真追问和思考的问题。从改革开放初期出任城市经济体制改革试点城市——武汉的一市之长，中经主政内陆省份江西和发达沿海省份山东，直至担任中共中央政治局常委、中央纪委书记，吴官正同志以其数十载的丰富政治实践和领导工作阅历，为我们深入认知上述问题提供了一种独特的诠释与解答。下面结合其主要著作（《汉水横冲》、《庙堂之高 江湖之远》、《民贵泰山》、《正道直行》）中的相关论述，略举一二：

权力观。在某种意义上，权力观可以说是政治观的核心。如何看待权力，反映了一个政治从业者对于自身职业的基本认知和基本价值态度。无论是从吴官正同志刚刚走上市长领导岗位时的第一表态“我来自人民，服务于人民”，还是其后“‘居庙堂’情系人民”之言及其践行来看，或是直接从他对于繁体“权”字（“權”）的独特解释来看，权力的真谛，正在于它既来自于大众，又服务于大众。

伦理观。亚里士多德曾说“政治的目标是追求至善”，孔子也有类似观念，认为政治的最高目的是为了使人和社会达到最高的道德境界。一个政治从业者的伦理观往往在更深层次上反映了他的政治观。“要讲处分，得先处分我这个当市长的”这句发人深省的话，深刻体现了马克斯·韦伯《以政治为天职》一文中所提出的责任伦理意识；吴官正同志曾反复引用北宋包拯之言告诫和说明“心地清静，这是治事的根本；正道直行，这是立身的纲领”；他还谈到：“对群众有深厚的感情，做到爱民、为民、富民、安民。这是党员干部应有的政治立场，也是应有的道德品质。”

历史观。在中国政治场景中，历史观也在很大程度上影响和规范着政治从业者的政治观。吴官正同志对此有着深刻而清醒的认识，他说：“历史不是写出来的，是干出来的，老百姓心里有杆秤，这才是衡量正确与否的标准。”“把本职工作做好。至于功过，让后人去评说。”确实，我们不是历史法庭上审判自己的法官，而我们的行动却是我们接受审判时的辩护词。政治从业者们如果能具备这种历史意识，则足以开拓出无愧于时代无愧于人民的一番事业、一片天地来。

上述对政治权力的理解和相关的伦理意识、历史观念，体现了政治中最为本质的某种价值内涵，即人民本位。吴官正同志“民贵泰山”之说，即是这一政治价值内涵的一种生动表达。它与“天下为公”的传统政治思想和“为人民服务”、“以人为本”的现代政治理念一脉相通，道出了一种简单而深刻的政治常识，亦是对治政之道的一种本真性还原。

篇一

# 政言札记

◎要讲处分，得先处分我这个当市长的。

◎我活了40多岁，第一次挨这样的骂，不好受，可武汉市的老百姓和来汉的客人该挨了多少这样的骂哟！

◎不能因为市长挨了骂，就从重处罚，那么多老百姓挨了骂怎么办呀？

# 责任伦理：政治从业者的伦理守则

武汉市市长吴官正独自到武汉港十五码头了解情况，受到了几个服务员的辱骂。吴官正在尝到了劣质服务的苦头后说:“武汉的服务工作没抓好，市长挨骂活该！”

“我活了40多岁，第一次挨这样的骂，不好受，可武汉市的老百姓和来汉的客人该挨了多少这样的骂哟！一些车站、码头、商店、旅社服务态度差，服务水平低，让群众‘拿钱买气受’，我感到很难过，我这个当市长的该检讨！”

——**《武汉市长微服出访竟遭服务人员辱骂》(《汉水横冲》)**

市长吴官正昨日写信给武汉港客运总站负责人，建议不要对港十五码头16日晨当班的服务员给予“开除留用”、“行政记过”之类的处分。他说：“要讲处分，得先处分我这个当市长的。”

昨晚9时许，吴市长又当面向长江航运管理局和武汉港务局的负责人拱手请求：“一定不要给当事人处分！不能因为市长挨了骂，就从重处罚，那么多老百姓挨了骂怎么办呀？”

——**《要讲处分得先处分我这个当市长的》(《汉水横冲》)**

马克斯·韦伯(Marx Webber)在《以政治为天职》一文中提出“责任伦理”概念,指出“政治意味着兼用热情和判断力坚毅地钻透硬木”,以政治为业的人就像是和魔神缔结了条约的人。

## 责任伦理:政治从业者的伦理守则

“要讲处分,得先处分我这个当市长的”,这句话掷地有声,发人深省。它不仅仅体现了一位市长对于犯错误的普通工作人员的宽仁与包容,更重要的是体现了一位党的领导干部、一位政治从业者应有的责任伦理意识。

古典社会学最重要的代表人物之一、德国社会学家马克斯·韦伯在《以政治为天职》一文中鲜明地提出了责任伦理概念。“责任伦理”是指一个人按照对可预见的后果负责的态度而行事,这正是政治家应该遵循的。在韦伯眼里,以政治为业的人和为了生计而从政的人的本质区别,体现在前者具有后者所缺乏的三种素质:热情、责任感和判断力。热情就是献身于一项事业,责任感就是把对事业的责任当做行动指南,判断力是沉静地面对现实的能力、对事对人的分寸(韦伯把“没有分寸”看成是一切政治家的不赦之罪之一)。政治“人格”之“强”,在于具备这些素质。“政治意味着兼用热情和判断力坚毅地钻透硬木”,韦伯这句话如今仍常被德国政治家引用。

在韦伯看来，以政治为业的人就像是和魔神缔结了条约的人，政治作为一种必须使用“强制性力量”或“武力”的活动，为了达成自己的目的，往往必须采取一些在道德上有问题的手段；而同时，政治家却不能够靠高尚的目的来圣洁化他的手段，他必须冷静地作出判断，按照责任伦理行事，哪怕他所使用的手段会危害到自己“灵魂的救赎”，因为一个真正的政治家，应该关心的就是未来以及他对未来的责任。

我们可以看到，面对行业不正之风时，作者所做的不是要追究别人的责任，而是责无旁贷地说：“武汉的服务工作没抓好，市长挨骂活该！”他真正明确了自己的责任，也敢于承担自己的责任。他之所以这样做，表明他对于自己接下来能够在工作之中达到自己的目的抱有信心。只有这样的领导者才能真正急百姓所盼、办百姓所需，使社会更加和谐，人民更加幸福。

## 特别链接：旧闻忆事

### 市长数次被骂

来源：2008年武汉《汉水横冲》出版座谈会上一位同志的发言

为了解真实情况，官正同志经常微服私访，深入基层，深入到百姓当中。他当武汉市长被骂，听说有5次，我自己知道的至少有3次：1984年春节期间在一个副食店为帮顾客买盐一次、武汉港一次、骑自行车独自去看民众乐园在商店躲雨被赶出一次。

官正同志非常廉洁。他传承了农民身上最质朴的东西。夏天穿一双塑料凉鞋，冬天穿一双解放鞋，穿一件军大衣，戴一顶军棉帽，从衣着打扮上看，很难想像他是一个市长。武汉港挨骂，看似偶然，实际上有一定的必然性。

### 市长碰到了"死角"

来源：1984年2月23日《长江日报》

农历正月初四，武昌城区某菜场。那天，这家菜场宽敞的店堂里只有三五个买菜的人。干菜杂货柜内，几位营业员围炉而坐，柜台外站着一位买盐的女顾客。

"请方便一下，把盐包一包，只买一斤盐还要我回去拿东西来装？"女顾客恳求地说。

"啰唆！跟你说了，没有东西包，老缠个么事！"火炉边一位营业员不耐烦地答道。

这时，市长吴官正同志看望国棉四厂坚守生产岗位的干部、工人后，来到了这里。吴市长见状，只好上前帮买盐的顾客说情。

"关你么事？冇得东西包！"一位看上去有40多岁的男同志瞪着眼睛说。

吴市长发现柜台货架边有好几个纸袋，坚持劝说营业员方便一下顾客，又遭到拒绝。

后来，有人知道了这位“喜欢管闲事”的人是来菜场拜年的吴官正市长，道歉的话说了一大堆。

您大概会感到：这家菜场一定是“怎样治好‘摇头病’”的春风没有吹到的“死角”。这样的单位难道不该补补课么！

## 武汉港微服出访

**来源：1985 年 3 月 24 日《人民日报》**

1985年3月15日晚，两位外地同志找到吴官正家里反映：“武汉市有些旅社、码头的服务态度太差了！”16日清晨5点多，吴官正起床，披一件大衣，徒步半小时来到武汉港十五码头。6点半刚过，一位旅客匆匆来到码头有礼貌地问道：“这是去上海的船吗？”站在那儿的几名服务员没有一个搭理他。吴官正忙上前给这位旅客“帮腔”：“这是不是六号轮？”“不是！莫讲些鬼话！”一名服务员不耐烦地开口了，说话就像“甩砖头”。

“咦，同志，怎么这种态度？”吴官正又问。

“态度？你想扯皮么？走开些！”

“我不想扯皮，想看看……”

“看看？省委书记来看都不怕，莫说你。记住，我是 ××× 号！”

这位服务员拍起胸来。另一名服务员一边把手里的剪刀等物塞过来，一边嚷：“站在这里想收票？剪刀给你，给你！也不看看你那个样子！”几名刚才不理旅客的服务员“呼”地涌过来……

吴官正挨了一顿骂归来，下了一个决心：武汉市的服务质量非抓不可了！

# 担当精神、忧患意识与全局观念

◎「居庙堂」情系人民，「处江湖」心想中央。

◎作为地方干部，我们处「江湖之远」，有责任支持全局，为中央分忧；对于地方人民来说，我们又居「庙堂之高」，要努力为百姓排忧解难，做到造福一方，保一方平安。

◎在地方工作实践中，要注意说好「带有地方口音的北京话」。

◎大城市不要什么都想做「老大」。有些方面可以做「龙头」，有些方面也要甘当「龙尾」。这是一个大局问题。

范仲淹曾有过“居庙堂之高则忧其民,处江湖之远则忧其君”和“先天下之忧而忧，后天下之乐而乐”的名句。对党中央来说，我们是“处江湖之远”，我们有责任为党为国家分忧。这里最重要的是同党中央保持高度一致，坚决维护党中央的权威，这是最大的大局，也是党性的集中体现。要勤政为民，踏踏实实完成中央交给的各项任务，创造性地开展工作，努力搞好局部,支持全局,在必要时还要舍得牺牲局部利益。对中央的路线、方针和政策，要坚定不移地贯彻执行，不搞“上有政策，下有对策”，切实做到令行禁止。

对江西人民来说，我们是“居庙堂之高”。“忧其民”就要时刻把群众的冷暖疾苦挂在心头，把群众高兴不高兴，满意不满意，赞成不赞成，答应不答应作为办一切事的取舍标准，认认真真地为群众排忧解难，真心实意地为群众办实事，努力做到既造福一方，又保一方平安。

——**《更好地发挥共产党员的先锋模范作用》（《正道直行》）**

作为地方干部，我们处“江湖之远”，有责任努力搞好山东这个局部，支持全局，为中央分忧；对于山东人民来说，我们又居“庙堂之高”，要情系百姓，为山东人民排忧解难。

——**《希望同志们对我多帮助多监督》（《民贵泰山》）**

我们做地方工作的同志，搞城市经济体制改革要说“北京话”，就是说既要从本地实际出发，又要从国家整体利益和全局利益出发，按照中央的方针、政策和部署搞改革。武汉是华中地区的中心，搞改革要有利于华中和全国，通过开放搞活经济，为华中和全国经济建设做贡献。要讲“北京话”，不能只讲“武汉话”。

大城市不要什么都想做“老大”。在横向经济协作中，武汉在有些方面可以做“龙头”;在有些方面也要甘当“龙尾”。无论“龙头”或“龙尾”,都是为国家经济建设做贡献,这是一个大局问题。

——《城市经济体制改革要说“北京话”》(《汉水横冲》)

如果把全局比作一盘棋，局部就是这盘棋上的一个棋子。棋子的定位和移动，一定要符合棋规和全盘棋的要求。

这些年来，江西省委、省政府在工作实践中注意把握“一个棋子”的分量，摆正“一个棋子”的位置，说好“带有江西口音的北京话”。“北京话”就是强化全局意识，坚决维护中央权威，“带有江西口音”，就是老老实实、不折不扣地按党中央的决策和指示办事，结合江西实际，创造性地开展工作。

——《说好“带有江西口音的北京话”》(《庙堂之高 江湖之远》)

全局是由若干个局部组成的。没有全局，无所谓局部；各个局部搞不好，全局也难以稳住。正确处理中央和地方的关系，既要坚决维护中央的权威，保证政令畅通，又要把中央的大政方针同本地的实际结合起来，不满足于照搬照转，勤于思考、勇于探索、敢于创新、创造性地开展工作，努力搞好局部，支持全局。

——《着眼全国一盘棋》(《庙堂之高 江湖之远》)

宋代范仲淹在《岳阳楼记》中留下千古名句："居庙堂之高则忧其民，处江湖之远则忧其君"、"先天下之忧而忧，后天下之乐而乐"。

## 担当精神、忧患意识与全局观念

宋代范仲淹《岳阳楼记》为历代中国知识分子所讽诵，其中有两句脍炙人口且妇孺皆知的名言：一是"居庙堂之高则忧其民，处江湖之远则忧其君"，二是"先天下之忧而忧，后天下之乐而乐"。作者任地方主要领导时，妙用范仲淹的名言，表达出自己作为一方父母官一份至真至切的情怀。在作者看来，无论是"居庙堂之高"，还是"处江湖之远"，都有一份沉甸甸的责任，都有一份道义在肩。作为地方官员，为官一任首先要造福一方，时时刻刻把人民群众的"忧"和"难"放在心头，把他们的幸福生活、安居乐业看做是自己的唯一使命；还要和中央保持一致，谋求整个国家的稳定与和谐。这其中，包含着可贵的担当精神、忧患意识和全局观念。

很多西方学者认为，中国历史与文明的特殊之处在于，中国的历史或文明不仅仅是一个民族或者一个国家的历史或文明。中国是一个庞大的组织，其中社会的、经济的、民族的与意识形态的脉络，交织成为一个复杂的文化体系。她不是民族—国家，而是文明—国家。

在中国人的心灵深处，大一统思想作为一种根深蒂固的思想，使中国一直作为一个特殊的文明—国家延续着她那古老而又不断焕发青春的生命。大一统是《春秋公羊传》开门见山所提出的最重要的观念之一，也是中国文化生命中最为重要的观念之一。在这一观念中，伟大的政治包含两个部分，一方面，让人民安居乐业，发展物质生产；另一方面，教育人民具有德性。而这种政治理解的前提条件是国家的统一和中央对于地方的领导地位。

作者在湖北武汉、江西等地主政期间，反对只讲“武汉话”、“江西话”，而提倡学会讲“北京话”，正是体现了作者全国“一盘棋”的一统思想、全局观念：做事情要从本地实际出发，同时心存一盘棋，心系天下，心系中央，时时把国家整体利益和全局利益放在首位。

## 特别链接：旧闻忆事

### “店干部”、“店党员”

**来源 :1988 年 9 月 8 日《人民日报》**

多年从事经济工作的吴官正说，当前各地盲目攀比速度、盲目攀比涨价、盲目攀比发钱物、盲目攀比谁把政策放得更宽的风气，对改革的深化危害极大。1988 年 1—7 月，江西工业发展速度是 22.4%，远远超过全国平均速度，江西经济落后，适当提高一点速度是可以理解的，但是有的同志还觉得慢了，责怪之声不绝于耳，他们不了解攀比速度的结果，会造成许多短期行为，并不能带来真正的经济效益。攀比涨价也一样，谁动得快谁可以得点利，但是国家并没有得，人民群众也有意见。

说到攀比的放宽程度，吴官正说：“执行政策不能随心所欲，光比谁放得宽，如果都这么干，全国性的政策就没法执行。不能只考虑地方利益不考虑国家利益。遇事要替国家想一想，分担一点压力才好。我们要讲‘普通话’，带点江西口音的‘普通话’，不能光讲‘地方话’。”

吴官正结合江西的实际说：为了深化改革，综合治理好经济环境，一定要严明政令法纪。不能对中央的政策，听不听都可以，各取所需、随心所欲，那样的话只能叫老实人吃亏，“爱哭的孩子多吃奶”；而坚决执行中央政策的人吃亏，就会乱套，以后谁还去执行呢？

吴官正说：“打个比方，如果国营商店只顾自己利益，不顾国家利益，负责人就不成为国家干部，只能说是‘店干部’，不是中国共产党党员，而是‘店党员’了！一定要扭转这种不正常的、只顾局部利益的现象！”

## “要说带有江西口音的普通话”

**来源：2010 年南昌《民贵泰山》读书交流会上一位同志的发言**

说带有江西口音的北京话，是吴官正同志在江西工作期间经常表述的一种从政思想。他到江西工作不久是以“要说带有江西口音的普通话”来表述这种思想的。当时他说这话的起因，一个重要方面是看到江西干部“左”的思想束缚严重，因循守旧，不善创新；贯彻中央精神结合实际开拓进取不够，故注重强调贯彻党的基本路线、建设中国特色社会主义，一定要结合本省实际才能有所作为，以此倡导在全省形成一种进行创造性的工作的气氛。

后来，由于全国出现经济过热情况，中央多次强调治理、整顿、调整等方针，要求把过热的经济增长和生产建设速度作适当压缩，而有些地方对此屡禁不止，影响中央大政方针的贯彻实施，因而多次强调服从全局，着眼全国一盘棋，强调不仅要说江西话，而且更要说普通话、北京话。他常以在我国 3 年困难时期，中共江西省委服从中央决定，按周恩来总理要求，号召全省人民勒紧裤带每年调 10 亿斤粮食支持上海等大城市的实例来告诫各级干部，一定要顾全大局，坚决服从中央决定，不搞“上有政策，下有对策”。《庙堂之高 江湖之远》的书名，以及吴官正同志常引用的范仲淹《岳阳楼记》中的有关名句均系他这种从政思想和时局结合的产物。

# 民本、人本与人民本位

◎民贵泰山。

◎我现在处理信访时，总是想到穷人，想到要公正地对待老百姓。忘记过去就意味着背叛，忘记了穷人同样意味着背叛。

◎要善待老百姓。他们到信访局反映问题，是对我们的信任。如果群众有事都不找我们，那问题就严重了。

◎谁得罪了群众，谁就得罪了共产党，得罪了政府，我们就要坚决查处他。

◎心里没有群众就是忘本，不关心群众疾苦就是失职，侵害群众利益就是背叛。

民生是执政之要。

要使广大党员干部认识到，心里没有群众就是忘本，不关心群众疾苦就是失职，侵害群众利益就是背叛。要把改进干部作风体现到为群众办实事上，着力解决群众最关心、最直接、最现实的利益问题，同时注意从实际出发，量力而行，把实事办好，把好事办成。工作不要拖拉，办事不要推诿，矛盾不要积累。党员干部要切实增强责任意识、服务意识和效率意识，敢抓敢管，慎终如始，认真做好职责范围内的事情。

——《**既要坚决纠正损害群众利益的不正之风 又要重视研究解决苗头性、倾向性问题 防止蔓延成风**》（《**正道直行**》）

做信访工作的同志，对人民群众要有深厚的感情。处理信访问题，要换位思考，如果是自己的父母、兄弟姐妹遇到困难向党和政府反映，我们应当怎么办？

——《**重视通过信访渠道察民情解民忧**》（《**民贵泰山**》）

我现在处理信访时，总是想到穷人，想到要公正地对待老百姓。忘记过去就意味着背叛，忘记了穷人同样意味着背叛。当领导的，一定要关心群众生活，尤其是关心那些日子过不去的人的生活，关心城市下岗职工和困难职工，关心农村还没有脱贫的农民，关心家里出了天灾人祸的干部职工。人有困难的时候，才最需要帮助。找到你们信访的群众，那只是少数，还有好多有困难的群众没找你们呢。所以，我们要主动多帮老百姓解决一些困难。

——《**要公正地对待老百姓**》（《**民贵泰山**》）

如果有个别上访群众不讲道理，有过激行为，你们要沉住气；如果你们受到委屈，千万不要责怪老百姓，就算是我对不起你们，我向你们道歉，好不好？信访部门的工作就像“安全阀”，老百姓有气，你们把工作做好了，把气就放掉了，群众就没有意见了，社会也就安定了。这是给各级党委政府分忧解愁的工作，是维护社会稳定、促进经济社会发展的工作。我看大多数老百姓是好的，是讲道理的，即使有个别不讲道理的，也要善待他们。老百姓到信访局反映问题，是对我们的信任。如果群众有事都不找我们，那问题就严重了。到省里上访、到北京上访多的地方，说明什么问题？如果问题解决了，谁还到省里来，到北京去？如果山东大量的人涌到北京去，大家想一想，在北京会造成什么影响？这不是说明老百姓对我们山东各级党委、政府不信任，我们没有本事给他们解决问题了吗？有的地方发生了群众来省进京集体上访，叫县市的负责同志来做工作，有的还有意见，认为是给他们找麻烦。还有的说，现在工作这么忙，还用县委书记直接抓信访吗？这种观点是不对的。什么是大事情？群众的事情是最大的事情。解决不了当地群众的事情，维护不了一方平安，就是失职。

——**《群众的事情是最大的事情》**（**《民贵泰山》**）

我这个人当省长，是党的培养，人民的哺育，历史的机遇。我没有什么特别的本领，但我有一条，我的心和群众是相通的。我觉得，为“官”、为人都要正。希望我们共产党的干部对人民群众一定要有深厚的感情，千万不能当了干部就忘了人民的养育之恩。

——**《信访干部对群众要有深厚感情》**（**《庙堂之高 江湖之远》**）

对老百姓没有感情的人，不可能对共产党有感情，也不可能对国家有感情。一个不想到老百姓的人，一个不考虑群众利益的人，不可能得到群众拥护，不可能在事业上有所作为，不可能在工作上有所建树。

——《**加强领导班子和领导干部思想政治建设**》（《**正道直行**》）

领导干部的讲话，不要发得太多。不要让群众看了不舒服。哪些该报，哪些不该报，要把握好。我的讲话，把主要意思写出来就行了。有时可以把几次讲的合在一起发。要把大部分版面让给老百姓。多登些老百姓喜欢看的东西，多登一些反映加大改革力度、加快开放步伐的稿子，多反映基层群众的声音。

——《**多登一些老百姓喜欢看的东西**》（《**正道直行**》）

不要有做“官”的思想，要有做事的意识；不要言不由衷、哄骗推诿，要设身处地为群众着想，体贴群众，关怀群众；不要高高在上、颐指气使，要与老百姓水乳交融、呼吸相通；不要以势欺人，要以理服人，依法办事。我们每一位党员干部，都要有爱民、为民、富民、安民的思想，满腔热忱、真心实意地为群众排忧解难，让群众话有处说，理有处讲，冤有处诉，事有处办。

——《**加强学习 端正学风 创造性推进各项工作**》（《**正道直行**》）

人民群众是我们的衣食父母，是“邦之命脉”。没有人民群众的支持，我们的党就成了无本之木、无源之水，我们的所有工作就没有任何意义，我们的一切努力也都不能成功。

古人尚且懂得“意莫高于爱民，行莫厚于乐民”，我们是共产党人，更应当把人民群众的冷暖疾苦时刻挂在心上，始终把人民的利益放在第一位。当群众有困难的时候，我们应当吃不下饭，睡不好觉。

不仅要抓大事，而且要抓关系群众切身利益的“小事”。群众日常生活中的事情，看起来小，实际上大，“一枝一叶总关情”。

——**《关键是转变干部作风》**（《正道直行》）

谁得罪了群众，谁就得罪了共产党，得罪了政府，我们就要坚决查处他。

——**《认真解决食品药品领域中损害群众利益的问题 对制售假冒伪劣的要严惩不贷》**（《正道直行》）

要对群众有深厚的感情，做到爱民、为民、富民、安民。这是党员干部应有的政治立场，也是应有的道德品质。在我国历史上，凡是为老百姓做过一些好事的官吏，都为人们所称颂。比如李冰父子治水，修建都江堰工程；西门豹治邺，为民除害；包拯秉公执法，惩恶扬善。这些脍炙人口的故事，为老百姓代代相传。我们共产党人与封建士大夫有着本质的不同，理应比他们做得更好。

——**《加强基层党的作风建设 维护好人民群众的切身利益》**（《正道直行》）

爱民、为民、富民、安民，这是对一个党员干部的起码要求，也是对一个共产党员党性的检验。

——**《爱民为民富民安民是对党员干部的起码要求》（《民贵泰山》）**

凝聚力、号召力不是自封的，而是通过党员尤其是党员领导干部的一言一行体现出来的，是讲感情、讲友谊、讲体谅、讲关心换来的，是说实话、想实招、办实事、出实绩换来的。

——**《党和人民的利益高于一切》（《庙堂之高 江湖之远》）**

铁打的衙门流水的官。我们在位的时间是短暂的，而老百姓要世世代代生活在这里。蜀中百姓至今称颂李冰父子，就是因为他们为老百姓办了功在千秋的好事。所以，定政策、办事情，既要考虑老百姓的眼前利益，更要考虑老百姓的长远利益，一定要短、中、长结合。

——**《切实把黄河三角洲开发建设好》（《民贵泰山》）**

孟子名言“民为贵，社稷次之，君为轻”，集中体现了儒学中深厚的民本思想传统。

## 民本、人本与人民本位

“民本”思想是儒学中重要的思想传统，对中国人的思想行为及中国社会生活与社会发展影响深远。儒家认为，“天下非一人之天下，天下之天下也”、“立天子以为天下，非立天下以为天子也”，故而必须“天下为公，选贤与能”。所以，孟子否认“尧以天下与舜”的说法，认为三代禅让制度并非出于天子个人的意志。“天”意联系并体现或反映着“民”意，故而“天下”又是与“民”和“公”直接同一的，此即《尚书·泰誓》所谓“天视自我民视，天听自我民听”，亦即孟子所谓“得天下有道，得其民，斯得天下矣”。

作者说：“人民群众是我们的衣食父母，是‘邦之命脉’。没有人民群众的支持，我们的党就成了无本之木、无源之水，我们的所有工作就没有任何意义，我们的一切努力也都不能成功。”在这里，我们能感受到作者的字里行间，透露出鲜明的中国传统民本思想的精蕴。而作者更是一位坚定的马克思主义者，他强调：“心里没有群众就是忘本，不关心群众疾苦就是

天下為公

孫文

失职，侵害群众利益就是背叛”，其哲学基础是：人民群众才是历史的真正创造者，才是历史动力的承载者。

当代西方著名的政治哲学家阿伦特认为，马克思实现了西方政治思想中真正的转折，创造了一个全新的传统。这个新的传统不再把人区分为贵族和奴隶，不再区分为治人者和治于人者，所有的人都既是历史的剧作者，又是历史的演员。马克思主义产生以前的西方社会历史理论大都无视人民群众在历史上的作用，直接或间接地宣扬英雄创造历史的观点，并因此诬蔑和鄙视群众，对于群众漠不关心。历史唯物主义则科学地阐明了人民群众和个别人物的关系，使被颠倒了的历史重新颠倒了过来。历史唯物主义关于人民群众是历史的创造者的原理同英雄史观的根本区别，并不在于是否承认个别杰出人物的作用，而在于如何回答谁是历史发展中的决定力量。

作者将其在山东期间的主政理念概括为“民贵泰山”，强调政治一切以

为人民服务

毛泽东

民为本，人民利益重于泰山、人民之尊贵于泰山。比如在对待信访问题上，就鲜明地体现了这一执政理念。作者曾谈到说：“我现在处理信访时，总是想到穷人，想到要公正地对待老百姓。忘记过去就意味着背叛，忘记了穷人同样意味着背叛。”指出要善待上访群众，认为“老百姓到信访局反映问题，是对我们的信任。如果群众有事都不找我们，那问题就严重了。”这些饱含着真挚情感的话语，具有很强的现实针对性和深刻的思想教育意义，感染了大众读者，引发了网络热议。

## 特别链接：旧闻忆事

### 十下鄱阳湖

**来源：2010年南昌《民贵泰山》读书交流会上一位同志的发言**

官正同志的为民情怀不是心血来潮、时过境迁，这种情怀伴随他走过千山万水，走过乡村、车间和每一个工作岗位。

官正同志是在鄱阳湖边长大的，在赣工作期间，他乘船下鄱阳湖考察不下10次，有时吃住在船上。1989年下湖检查防洪和血防工作，在船上填《临江仙》词一首，上半阕为“思绪如焚临恶水，灾害风雨相依，小虫萌态病还随，舟行难入寐，心共浪涛飞”，流露出他对饱经苦难和血吸虫灾害的家乡人民深切的爱。每次在船上，他常和船员拉家常，吃便饭，偶尔还会露一手，亲自为大家烧几个菜。一次傍晚，劳乏了一天的船员，大伙儿光着膀子，围坐在船头用大碗喝着水酒解乏，他们请省长与他们一块同乐，官正同志被其乐融融的气氛所感染，穿着背心欣然盘腿坐在他们中间，用碗与大伙一一碰杯，欢声笑语飞向落日和晚霞，定格在“渔舟唱晚”的湖滨草洲，在人群中让人很难分辨出谁是省长谁是船员。

### 省长和船

**来源：1993年8月20日《文汇报》**

吴官正每次去鄱阳湖区，渔政十号船就成了他的家，吃住都在船上，听说省长下来，沿湖的当地政府自然要给他准备食宿，可总是“贵宾”难留，再晚再累他也要回到船上这个家。渔政十号是艘小吨位的旧江轮，上面的设施很差。倾其全力也只能在前舱给他挪出一个可以舒展手足的地方，安下一张“官铺”。其实,在夏天里,这个“头等舱”闷热得很。他也就往往置“官铺”于不顾，自个儿抱着床席子到甲板上去露宿，和大家同享江上的清风与明月。

其实，吴官正何尝不知道住宾馆舒服？既无蚊蝇之扰，又有热水可洗澡去乏。但是他不能图这个舒服，那样会牵动一大片，扰得一方不宁。

## 下乡调研二三事

**砸得好，应该砸，谁叫你们吃吃喝喝（来源：2010 年南昌《民贵泰山》读书交流会上一位同志的发言）**

官正同志不论下到哪里调研，只要这个地方持续干旱或下雨，他就会彻夜难眠，有时竟然会在斗室辗转踱步，眼睛充满血丝，嘴唇长出水泡，忧心如焚之情跃然眼前。

对违反法纪的人和事，他就像眼睛里揉不得沙子一样。一次有位村支书到他面前告状，说村民不听话，连村委会烧饭的大锅都叫人给砸了。官正同志听后，连声说："砸得好，应该砸，谁叫你们吃吃喝喝。"

**老百姓穷到这样，还有什么光荣？（来源：1996 年 1 月 17 日《文汇报》）**

对报喜不报忧的干部，吴官正丝毫不留情面。一次，吴官正到一个县去检查工作，县的领导陪他去看新开垦的 500 亩果园。吴官正知道，这个县绝大多数荒山都没开发，就对县领导说："你们只给我看这 500 亩果园，其他的未开发的 5000 亩不给我看，我不看了。"他说罢就走了。到了乡里，已经是下午 4 点半了，看到乡长喝得面孔通红，一身酒气，他就说："现在是什么时间了，你还没有从酒中醒来，都像你这样，江西还有什么希望？"吴官正一气之下又到了村里，看到村干部也松松垮垮，群众生活困难，村干部还说："我们是老区，要发扬光荣传统。"吴官正说："老一代为革命作的牺牲，那是他们的光荣；今天老百姓还穷到这样，你还有什么光荣？"跟随他的同志提醒说："这个地方是通天的，还是少批评几句吧。"吴官正说："老祖宗给我们这块土地，国家给了我们好政策，共产党给了我们一顶乌纱帽，我们有什么理由不把事情办好！"

吴官正给我讲述了这段故事，又说："给我这样说了一顿，那个县领导认真地听进去了，不到几年工作就很快就上去了。不过，这话也只有我说，因为我是江西人，乡亲们不会说我什么，外地干部就可能不行了。"

吴官正说的那个县，我去过，也到了那个乡，还看了一家果园，果园主把儿子送到专科学校，专门学习种柚子的科学技术。这块过去被称为红土地上的沙漠，现在是柚子飘香的地方。

**省长为老农治病（来源：1994 年《江西通讯》第 5 期）**

一次省长在永丰村调查，路边看见一老农行走困难，他马上停下来，问是什么原因，老农告诉省长是身上长了一种疮多年未愈。省长拉起老农的衣服看了一阵后，告诉老农一个偏方，要他试一试，并说："最好到医院去敷点药，你们很少用药，药效一般都是很好。"这位老农做梦也没有想到，这是省长在为他治病。

1994 年，省长在江西德安聂桥镇蹲点，在镇干部宿舍一住就是 14 天。他随身带了两罐小菜：咸鱼和柚子皮，说"没有菜时还可以吃这个"。一次吃饭，他吃了半条鱼，炊事员想将剩下的半条鱼倒掉，他赶紧制止，说晚上热热还可以对付一顿饭。省长下村入户调查若是回来得早，就到厨房去帮着炒菜。开饭时，他还总是叫饮事员一道吃。

省长住地门口有一副对子，上联是"做无品官干有品事"，下联是"念农家经行独家道"，横批是"自得其乐"，是镇党委魏书记所书。省长饭后在院中散步，看后念了两遍，对魏说，意思尚可，改一改是否更贴切一点？魏拿来纸笔，非请省长改写不可。省长挥笔写出上联"做无品官干为民事"，下联"念市场经带致富路"，并写下横批："民富我乐"。

## 还人民群众一个公道

**来源：1994 年 11 月 10 日《人民日报》**

在江西，找吴官正的人多，给他写信的人更多。今年以来，省政府信访处收到的 1 万多件群众来信中有一半是写给吴官正的。面对众多的群众来信，他不管多忙，每天都要挤时间阅处送给他的信件。江西省人民政府信访处作过统计：吴官正在江西当省长 9 年间，批阅群众来信 3743 件。

今年春节前夕，一封群众来信摆在吴官正的案头。来信说一位病退老工人，上有老下有小，加上疾病缠身，春节无法度过，殷切期望得到政府的帮助和照顾……读了这封信，吴官正的心情久久不能平静，他批示：绝不能让这些生活困难的群众失望，一定要帮助他们过好春节，渡过难关。联想到有些亏损企业的不少职工也存在生活困难，吴官正向省委、省政府提出了解决办法和措施，各地各有关部门按照省委省政府提出的要求，在春节前逐户进行了调查解决，安定了人心。此事使吴官正颇有感慨，他说："作为党的领导干部，群众有困难求助我们解决，办几件事是不难的，难的是要理解群众的心情，长期坚持做下去。"

这些年来，有些地方积压了一批久拖未决或结而不实的案件，成为群众不断上访的老大难。吴官正反复叮嘱各级领导和有关部门："一定要以事实为根据，以法律为准绳，秉公办案。"1992 年 11 月，某县一名副县级干部无证开车轧死一小孩后，把肇事责任推给一小车司机。司机慑其权势，"愿意"代他受过。但当地群众和死者家属不服，状子告到省政府，吴官正批示有关部门严肃查办。可查办的结果，责任者仍是代人受过的司机。一时间群情激愤，议论纷纷。在吴官正的督促下，有关部门经过多次调查，案情终于水落石出。无证开车肇事并嫁祸于人的那名干部，受到法律制裁；个别护短的领导和作假证的干部，被分别作出处理。吴官正说："不管哪位干部犯法，都要依法处理，不能营私舞弊，要向人民群众还一个公道。"

## 从江西到山东：省委书记上任第一天做的同一件事

**1996年4月3日《人民日报》报道**

对一个省委主要领导同志来说，要做的工作实在是太多了，可是吴官正同志在百忙中不忘关心群众疾苦，亲自过问信访工作。据统计，吴官正从1987年担任江西省省长到1995年4月担任江西省委书记期间，共收到群众来信6万多件，他亲自阅批了近5000件。他由省长调任省委书记第一天做的第一件事，就是到省委办公厅信访处看望工作人员，同他们座谈。他说，一个人日子好过的时候，他不会来找你，你就是给他一碗肉吃，他也未必感谢。当他困难的时候找你，你给他一碗饭吃，再放点腌菜，他也会终生不忘。

**2010年南昌《民贵泰山》读书交流会上一位同志的发言**

1997年4月，受江西省委的委托，我和另一位同志送官正同志去山东上任。我们4月9日下午乘火车前往山东，第二天一早就来到了聊城，一出车站，官正同志就提出去孔繁森同志纪念馆，在那里凭吊烈士，教育干部要始终向孔繁森同志学习，把人民的利益放在第一位。离开孔繁森同志纪念馆后，又驱车赶赴济南。中饭后，他不顾一路劳累，与中组部和山东省委领导商量完第二天党员领导干部会议的安排，就直接到省信访局走访，即席作了讲话。晚上，山东省委一位副秘书长把官正同志在省信访局讲话记录稿给我，请我在文字上看一看。因此我也是有幸较早读到这篇文稿的，我深深地被官正同志的为民情怀所感染。这次重读这篇文章（《民贵泰山》的开篇文章），感到更加亲切。

## 下车接待上访群众

**来源：2010 年济南《民贵泰山》读书交流会上一位同志的发言**

官正同志到任山东后，立即指示省信访局设专人处理群众给他的来信来访，并每个星期亲自阅批一些群众来信。他每天早上 6 点左右上班，在省委机关门前和驻地遇有上访群众时，就会下车走到群众中间，亲自接待上访群众，问寒问暖，主动了解、过问和督促解决群众反映的问题。

## 五到山水视察

**来源：2010 年济南《民贵泰山》读书交流会上一位同志的发言**

现在，山水已从全国倒数第一的水泥企业发展成为全国第二大、世界前十大水泥企业。官正同志在山东工作期间，曾五次到我们山水视察。我感受最深的就是，他每一次到我们企业，不是先听汇报，而是直接走到职工当中了解情况。1997 年 10 月 2 日，他第一次到山水，首先走到职工餐厅，看一看饭菜是不是新鲜；走到职工家里，看一看大家住得宽敞不宽敞。2001 年大年初一，刚下过大雪，他第四次到山水，走到生产岗位、办公楼，给职工拜年，勉励年轻的大学生要好好工作。2001 年 12 月 24 日，他第五次到山水，当时山水工业园刚刚落成，他走进塑编公司厂房，与一线的职工交谈，仔细询问他们从哪里来，收入怎么样。当得知这些员工大多是下岗职工，在塑编公司重新得到了就业，他非常高兴，称赞我们这件事情办得好，既解决了企业的用工问题，又解决了职工的生存问题。

## 特别链接：网络热评

### “群众的事情是最大的事情”让谁脸红

**来源：人民网 网友：追寻正义**

“群众的事情是最大的事情”，这句话虽然短短十几个字，但是，能从中看出老百姓在吴官正同志心中的分量，充分反映了他浓浓的百姓情，体现了党和人民群众之间的血肉联系。

然而，现实中一些地方的个别领导干部却是另外一副模样，他们与群众不是“鱼水关系”，而是“油水关系”，甚至是“水火不容”的关系，手中的权力不是用来让群众生活得更幸福、更有尊严，反而拿来欺压百姓。不久前接连发生的“茶杯门”、“母老虎门”等事件就是典型例子，严重伤害了人民群众的感情，损害了党和政府在人民群众心目中的形象。

2010年3月22日，河南睢县城郊乡一农民因土地被非法征用，补偿三年未兑现，去找乡长反映问题时，拿起办公桌上一水杯欲喝水，却被乡长喝止。两人发生口角后出现肢体冲突，随后乡长喊来警察，该农民被拘留7日。

2010年3月30日，河南新郑市辛店镇64岁农妇曲花枝不满镇政府征地补偿，拒绝丈量土地，与当地镇党委副书记发生冲突。因回骂了一句“你娘才是母老虎”，结果被拘留。

上面这几名干部处理问题的方法显然是错误的，态度是十分恶劣的。之所以会出现这种情况，根源在于他们忘记了“老百姓是我们的衣食父母”，淡忘了党全心全意为人民服务的根本宗旨，没有把群众的事情当做最大的事情来对待。

在面对有怨气的群众时，倘若各级领导干部能牢记吴官正同志的谆谆教诲——“老百姓有气，你们把工作做好了，把气就放掉了，群众就没有意见了，社会也就安定了。什么是大事情？群众的事情是最大的事情。”带着感情、俯下身子去做群众工作，那么，势必就能和群众打成一片，党群干群关系就会更密切，社会就会更加和谐稳定。

## 警惕中层官员成为民意表达的梗阻

**来源：大众网　作者：张金岭**

辽宁庄河市大批民众在庄河市人民政府大楼门口集体下跪，反映村干部涉嫌腐败的问题，要求市长出面接待，但遭到拒绝。该市市长因对此事件处置失当，造成恶劣影响，被上级责令辞职。

迄今为止，至少在公开的报道中，因拒不见下跪群众而被责令辞职的，恐怕还是第一例。这样的市长也许只有一个，但这种对待群众的态度，大概不是这位市长才有。

作为一个市长，如此对待上访群众，这触到了民众情感的底线。令人担忧的是，这种对待群众的态度，在一些地方还有更极端的表现。这两天，一则题为《状告乡政府漯河一农民被关精神病医院六年半》的新闻可以为证：河南漯河市一村民徐林东因状告乡政府，被乡政府送到精神病院强行关押。

我们的政治文化，一向强调要“密切和人民群众的血肉联系”，表达这种政治价值的语言，在我们的主流媒体和政治教科书上，可谓俯拾皆是，我们很多人都可以默念出几条，并以这样的经典语言和道理为标准，来评判我们的政治生活，来评判身边官员的言行。眼下这个把下跪群众拒之门外的市长，他伤害的，不仅是跪在豪华办公楼下的百姓，也挑战了我们努力张扬的那些政治理念。不让此类官员出局，“密切和人民群众的血肉联系”在一些地方老百姓的心中，就可能只是一些人有口无心的口号而已。

即使是传统的民本政治、仁政等等，也讲究要体恤老百姓的疾苦，所谓“天视自我民视，天听自我民听”，也许强调的就是这个意思吧。而现代民主政治，则更强调官员对民意的尊重。作为市长如此对待百姓，他的所为到底是受何种价值观引导的，他的作派是在一个什么样的环境中养成的，这值得我们认真研究。责令这个市长辞职容易，把他的内心解剖透了，恐怕不容易。但有一点是肯定的，那就是像这样的官员内心深处，对人民群众、对自己手中的权力，已经没有了最基本的敬畏感，或许在他们的政治坐标中，老百姓的疾苦，相比于权力和资本的价值、相比于个人的得失，基本上可以忽略不计。这正是让人万分痛心的地方。

上千名群众下跪事件，说明当前一些地方群众的表达愿望是何等强烈，也说明上述此类官员正成为民意表达中的梗阻。日前出版的吴官正同志的著作《民贵泰山》，记录了他任山东省委书记时说过的一句话："我现在处理信访时，总是想到穷人，想到要公正地对待老百姓。忘记过去就意味着背叛，忘记了穷人同样意味着背叛。"在我们这个利益多元化的时代里，如果上述此类官员不能明白为什么要公正地对待老百姓，认识不到忘记了穷人意味着什么，那么这位市长恐怕不会是最后一个被跪倒的官员。

## 我们该靠什么减少民众上访

**来源：人民网　作者：王石川**

当前，我国既面临黄金发展期，又面临矛盾凸显期，各种矛盾多发、易发，同时由于矛盾未能及时化解，一些群众选择了上访。但是，面对群众诉求，一些官员麻木不仁，不是积极解决民众问题，而是采取种种手段激化矛盾。比如此前媒体报道的上千农民集体下跪事件，面对访民下跪，市长竟然闭门不出；再比如"要想见局长，先过密码门"——海南三亚某局局长办公区被两道门隔开，群众感叹见领导难，想找领导，一道带密码的玻璃门挡住去路。如果官员这样对待访民，访民怎么可能满意？

更可怕的是，一些官员对待访民不仅麻木不仁，甚至冷酷无情，有时甚至采取极端手段。比如，视上访者为刁民、闹事者、添乱者、不安定因素或麻烦制造者。

事实上，老百姓上访或者找求见官员，说明他们信任政府、信任官员，希望通过这样的方式化解积怨和解决难题。官员只有加以重视，积极处理，才能顺遂民意，赢得民众理解，捍卫政府公信力。否则容易引发民众对政府的不满，从而使小事变大。中纪委原书记吴官正，在日前出版的《民贵泰山》

一书中说：“要善待上访群众，群众有事不找我们，问题就严重了。”这句话颇有深意，富有现实价值。

民众为何上访？除了极少数人闹访、无理取闹之外，绝大多数人都是因为自身利益确实受到了伤害，正如有官员指出，在当前群众信访反映的问题中，相当部分有道理或有一定的实际困难，无理取闹的只占一小部分。而访民所受到的伤害，其中主要是受到了权力的侵害。一些时候，由于基层官员互相包庇，民众无法维护自身权益，即使付诸法律仍然难以如愿。在问题迟迟得不到解决之际，他们不得不选择上访这条路，这就是坊间所称的信访不信法。因此，减少民众上访最直接的措施就是确保法律公正，让民众看到希望，让公平正义比太阳还要有光辉。

此外，减少访民的根本之道在于权力安分守己，不与民争利。在一些地方，权力张牙舞爪，侵犯民众利益，让民众忿忿不平，他们出于维权的需要层层上访。中国社科院学者发布报告称，今年群体性事件发生仍然保持着多发的态势，这是因为一些地方在加速发展和转型的过程当中，积累了很多历史上的矛盾和问题，这些问题得不到及时解决，造成的民怨太深。因此，一方面积极解决问题，另一方面权力之手不再乱伸，才能使民众安居乐业，不再走上艰辛而困苦的上访路。

“民惟邦本，本固邦宁”。民众是国家的基石，唯有恪守为民之责，善谋为民之策，多办利民之事，国家才能安宁。正确对待访民，积极解决访民的问题，并且恪守权力为公的本质，不侵犯民众利益，这应是官员的共识和行动。

## “民贵泰山”之说当成领导干部座右铭

**来源：人民网　作者：揭方晓　龚福祥**

新中国成立后，跪行千年的人民站起来了，翻身成为社会的主人。尽管大家所从事的职业不一，所担任的职务相异，但归根到底那都只是社会分工的不同，人与人之间没有高底贵贱之分。可是，千百年来的一直存在的“官老爷”作派不是说结束就能立马结束得了的，历史车轮的惯性作用使得“官贵民轻”的思想到如今仍然有一定的生存市场，这些市场也包括某些领导干部的潜意识。所以才会有百姓进“衙门”告状被保安踢出；百姓跪求市委书记申冤被随从架走等“有碍观瞻”事件的发生。碍谁的观瞻？当然也必然是老百姓的观瞻。

正因为现实生活中还有这样或那样贱民思想、轻民行为的出现，所以吴官正同志“民贵泰山”之说理当成为我们广大党员领导干部的座右铭，让这四个简单而又沉重的字时时铭记在他们心里，成为他们依法施政的基本准则。

## 权力辩证法：权力与德性

◎心地清净，正道直行。

◎在拥有权力的时候，要想到责任；在运用权力的时候，要想到群众；在权力能给自己带来方便的时候，要想到监督。

◎送钱就是送毒品，就是要把你送进班房。

◎富贵不过三代，权势也难过三代。钱多了、权大了，容易腐蚀子孙后代。

◎一些领导干部之所以走上违纪违法的道路，很多都是从生活作风不检点开始的。生活作风绝不是小事。

◎好的风气，既是抓出来的，也是带出来的。

民生是执政之要。

北宋的包拯在《书端州郡斋壁》中有一句话："清心为治本，直道是身谋"，意思是讲，心地清静，这是治事的根本；正道直行，这是立身的纲领。所以，要经常教育干部像周总理那样，活到老，学到老，改造到老，过好名位关、权力关、金钱关、色情关、人情关，永葆共产党员的本色。

——《坚决防止和清除吏治腐败》（《正道直行》）

权、钱、色就是干部要过的三个关！"權"（"权"字的繁体字）的意思，"草头"就是草民，就是当官的要为老百姓服务，"两个口"是使老百姓有饭吃，讲话自由，这样呢，你这个官就当得好，所以下面是个"隹"字，"木"字旁就是要扶正祛邪，不好的要拿棍棒打。"權"还有一个意思，如果不是为老百姓服务，那你就不是人，老百姓就会骂你！权、钱、色这三个字，都是两面的。领导干部一定要注意：凡是给你送钱的人，其实是在害你，是要把你送到班房去。他如果给你送了10万，他就会在外面搞100万甚至200万！抓住了以后要治他的罪，他就会把你供出来，一旦把你供出来，法律有规定，他可以"坦白从宽"处理。我们查的省委书记、省长基本上都是这样被供出来的。他不但是害你们，也是害你们的子孙后代。如果有人给你们送钱、送贵重东西怎么办？要劝阻，要批评，再就是送到纪检监察部门去，让纪检监察部门找他谈谈话。领导干部又不穷，他们为什么不送钱给那些生活困难的人？权、钱、色这三个关一定要把好。

晋 / 王献之书

唐 / 柳公权书

宋 / 米芾书

——《领导干部特别是高级干部要廉洁自律》（《正道直行》）

只要人有欲望，只要存在公共权力，就可能会产生腐败。我们知道小孩子出生的时候，旁边的人都在笑，他却在那里号啕大哭，把两只手攥得紧紧的，像是一只手要抓钱，一只手要抓权。但到了死的时候，又完全不一样了，给他送行的人都在哭，他的眼睛、嘴巴都闭得紧紧的，两只手却是散开的，好像在说，我走了，我什么也不要了。虽然人没有欲望是不可能的，但只要广大党员干部心地清净，自觉遵守各项规定，风气一定能够好起来，把腐败减少到最低程度，是完全可能的。

——《**严格执行廉洁自律五条规定**》(《**正道直行**》)

没有监督的权力会产生腐败。各级领导干部要正确对待手中的权力：在拥有权力的时候，要想到责任；在运用权力的时候，要想到群众；在权力能给自己带来方便的时候，要想到监督。

——《**坚持群众路线 转变领导作风**》(《**庙堂之高 江湖之远**》)

有的人手里有权力，神气得很。人家送钱给他，就是看中他手中的权力。把他的权力拿掉了，看他还凭什么收钱，看还有谁把钱送给他？对违反五条规定的，就是要坚决进行组织处理，先把他的“帽子”拿掉。没有了“帽子”，我看他干什么都不行。叫他去种地，他吃不了苦；叫他当工人，他不懂技术；叫他做生意，他没这个本事；叫他看仓库，他又觉得没有面子。

——《**严格执行廉洁自律五条规定**》(《**正道直行**》)

我们的“帽子”是共产党给的，我们脚下这块土地是老祖宗留下来的。现在党的政策好，“海阔凭鱼跃，天高任鸟飞”，我们一定要为老百姓办实事。

有权不一定有理。有些人当了干部就飞扬跋扈，老百姓很反感。俗话说，富贵不过三代，权势也难过三代。钱多了、权大了，容易腐蚀子孙后代。浙江有个“红顶商人”叫胡雪岩，富可敌国，左宗棠攻打新疆，就是他出的钱，但他由于经营不当，不到几年就垮掉了。唐太宗李世民治国有方，但教子无术。因为权势太大，几个儿子没有一个有用的。

——《**为政要廉 用人要当 作风要实 办事要公**》（《**正道直行**》）

没有钱的日子确实很难过，但收了来路不正的钱也很难受。要那么多钱干什么？！给子女搞那么多钱干什么？！子女有本事，用不着你给他搞钱；子女没本事，你搞了钱是害了他。

——《**严格执行廉洁自律五条规定**》（《**正道直行**》）

权力能使人高尚，也能使人堕落，手中有权，遇到的诱惑和考验也多，如果没有正确的权力观，以权谋私，腐化堕落，就必然被人民群众所唾弃。圣哲先贤崇尚“吾日三省吾身”，共产党员特别是领导干部更应该经常给自己敲敲警钟，“自重、自省、自警、自励”。

——《**着眼教育 健全制度 强化监督 进一步推进党风廉政建设**》（《**正道直行**》）

权力是把双刃剑，用好了可以为人民、为社会造福，用不好就会出问题，甚至会变质。县委书记、县长处在重要的领导岗位，在这方面要有“如履薄冰、如临深渊”之感。大家都很年轻，要多想事业，多干工作，少沾染官老爷习气。据有的同志反映，大家来学习报到时，有的来了两辆车，有帮着提包的，还有帮着拿杯子的，有这个必要吗？！

——《县委书记岗位责任大》(《民贵泰山》)

清代学者赵翼总结历代贿赂的现象后，得出一个结论，叫“贿随权集”，意思是行贿围绕权力进行。为什么有人给你送钱？并不是他对你有什么感情，而是看中了你手中的权力。一个领导干部如果头脑不清醒，最终会犯错误，甚至被送到监狱里去。

老百姓看一个干部怎么样，不仅看你有多大本事，也不是看你说得怎么样，主要看两条：一是不是公道，二是不是廉洁。包拯为什么能青史留名？就是因为他刚正不阿，不畏权势，秉公执法。郑板桥只是一个县令，他为老百姓办实事，“一枝一叶总关情”，“咬定青山不放松”，有自己的信念和气节。因此，老百姓能记住他。诸葛亮说，淡泊明志，宁静致远，他20多岁就当了军师，到50多岁死的时候，也没给儿子留下什么。古人尚能如此，今天我们各级领导干部一定要廉洁公正。没有钱的确很难过，但钱来路不正，放在家里怕偷，带到路上怕抢，存在银行怕查，留给子孙反而是害了他们。

——《领导干部要严格执行党章 做遵纪守法的表率》(《正道直行》)

送钱就是送毒品，就是要把你送进班房，并不是对你有什么感情。如果真讲感情,为什么不把钱送给那些生活困难的老百姓?

——《严格执行廉洁自律五条规定》(《正道直行》)

我们的干部在8小时之外，要自尊、自爱、自省，不要放松对自己的要求，不要去不该去的地方，不要总是找不到人。

——《坚决维护和执行党的纪律》(《正道直行》)

给大家提个醒，领导干部一定要注意保持良好的生活作风。从这些年查处的一些领导干部腐败案件来看，他们之所以走上违纪违法的道路，很多都是从生活作风不检点开始的。生活作风绝不是小事。

——《为政要廉 用人要当 作风要实 办事要公》(《正道直行》)

好的风气，既是抓出来的，也是带出来的。党员领导干部特别是主要领导干部，严于律己，一身正气，敢抓敢管，既是对党员干部的一种无声号令，也是对腐败分子的一种有力威慑。只有树立了良好的党风，才能带动和促进政风和社会风气的好转。

——《解决好发生在老百姓身边的损害群众切身利益的问题》(《正道直行》)

抓领导带头，重点是抓“一把手”。抓好“一把手”，就能带好一个班子，管好一个地区。

——《纪委要在加强干部作风建设中发挥积极作用》(《正道直行》)

京剧脸谱被誉为角色"心灵的画面"，寓褒贬、别善恶，使观众能目视外表,窥其心胸。包拯在民间有"包黑子"称号，是黑色脸谱的代表人物，在戏里拥有一副铁面如墨的脸孔，额上挂有一弯白月牙，表示正直刚毅、清正廉明。

## 权力辩证法：权力与德性

在作者看来，各级官员领导要做到心地清静、正道直行，首先要过好权、钱、色三关，核心是过好权力关，或者如作者形象指出的，要有正确的"帽子"观。其中反映和体现出来的关于权力辩证法、关于政治权力和为政者德性之间关系的见解，引人深思，富有启发意义。

作者独辟蹊径，用说文解字的方式（解释繁体"权"字的蕴涵）来表述自己对于权力的看法。这看似在咬文嚼字，进行一种类似文字词源学的解读，实际上包含着某种严肃的政治学思考：真正的权力是"当官的要为老百姓服务，……使老百姓有饭吃，讲话自由，……就是要扶正祛邪，不好的要拿棍棒打。"既来自于百姓，又服务于百姓，这才是权力的真谛。作者同时清醒地认识到，"权力能使人高尚，也能使人堕落，手中有权，遇到的诱惑和考验也多"。堕落和高尚本来就不是可以截然分开的东西，因为它们都是权力的后果，关键在于执掌权力的人具有正确的权力观。

公生明廉生威

清 / 官箴石。石刻书于道光四年

近代著名的政治哲学家阿克顿公爵对于权力做过深刻的思考。在他看来，因为人性具有罪恶性，权力这个由于人而产生的东西，自然也无法完全消解它所具有的毒素。地位越高的人，可能的罪恶性就越大。他那彪炳千古的名言更是震撼人心：“权力往往使人堕落，绝对的权力绝对会使人堕落。”

作者清楚地意识到阿克顿所说的这种情况（“没有监督的权力会产生腐败”），同时还注意到中国古代学者几乎达到了同样深刻的认识：“清代学者赵翼总结历代贿赂的现象后，得出一个结论，叫‘贿随权集’，意思是行贿围绕权力进行。”但是，作者更注意到了权力的辩证法，他相信人有向善的可能性。无论是崇尚“吾日三省吾身”的先贤，还是写下“清心为治本，直道是身谋”的包拯，无论是劝诫子嗣“淡泊明志，宁静致远”的诸葛亮，还是深情吟唱“一枝一叶总关情”的郑板桥，都以自身的品格和境界给后人以很强的示范和启迪。

清 / 宁静致远碑。碑书系康熙题写

相信高尚人格的存在，这是中国传统思想的一个重要方面。在儒家看来，应教导人们趋圣趋贤，让德性和智慧来指导和驾驭政治权力。孔子就说过:“道之以政，齐之以刑，民免而无耻。道之以德，齐之以礼，有耻且格。”在这种关于权力和德性关系的理解中，一方面，人可以由成德而臻于至善，另一方面，有德性的人领导和推动政治可以营造一个和谐社会。正如作者所言："只要广大党员干部心地清净，自觉遵守各项规定，风气一定能够好起来”。同时，“只有树立了良好的党风，才能带动和促进政风和社会风气的好转。”

# 让：生存境界与为官之道

◎忠厚好，谦让好，吃亏好，这对后代好。

◎郑板桥有的东西还蛮难学，其中一句是「吃亏是福」，有的同志就未必学得到。

◎在任何时候，首先要想到别人的感受，要尊重同事、亲友和陌生人，夹着尾巴做人，好自为之。

郑板桥有的东西还蛮难学，一句是“吃亏是福”，我看我们有的同志就未必都能吃得亏。还有郑板桥的“一枝一叶总关情”。

——**《坚定信念，开拓前进》**（《庙堂之高 江湖之远》）

要夹着尾巴做人。我们就像猴子，都有一条尾巴。平时蹲在地上的时候，尾巴不容易被看到、抓到，爬到树上，尾巴就露出来了。所以，要夹着尾巴做人。人贵有自知之明。我也有许多缺点、错误。

——**《老老实实做人 踏踏实实做事》**（《正道直行》）

在任何时候，首先要想到别人的感受，要尊重同事、亲友和陌生人，夹着尾巴做人，好自为之，这是一个领导干部应该做到的。要记住，一个家族，如某一件事处理不好，兴难衰易，很容易会走向反面。

历史和现实告诉我们，忠厚好，谦让好，吃亏好，这对后代好！

——**《忠厚谦让，不做亏心事》**（《正道直行》）

老子和孔子像。
无论老子和孔子的思想多么不同，在崇尚谦让这一方面，他们殊途同归，百虑一致。

## 让：生存境界与为官之道

《史记》中曾记载这样一个故事：殷朝末年，当政者横征暴敛，荒淫无度，于是民不聊生，灾难频繁。地处偏僻的周开始逐渐强大起来。周王有三个儿子，其中第三个儿子季历非常贤明，尤其是他的儿子昌，更是早早地显露出力挽狂澜、匡救天下的气魄。周王有意将王位传给季历，而有望于昌将来成就一番彪炳千古的丰功伟绩。但是，按照当时的嫡长子继承制，季历不能被立为继位者。深明大义的大哥泰伯和二哥仲雍决定把天下让给季历，好使他的才能有用武之地。于是，泰伯三次让天下给季历：第一次，他和仲雍逃离，避季历于吴国；第二次，太王去世时，他没有返周奔丧；第三次，免丧后，断发文身，终身不返，留在吴国，开辟新的疆域。

孔夫子曾经喟然叹曰："泰伯，其可谓至德也已矣！三以天下让，民无得而称焉。"在这里，孔子使用了"让"字来指称泰伯的行为。让德在我们传统文化当中是一个非常重要的德目，在"温、良、恭、俭、让"中居其一。

韩非子曾经有一种竞争的历史观，他说："上古竞于道德，中世逐于智谋，当今争于气力。"在他看来，只有竞争才能说明时代的变化与进步。近一个多世纪以来，达尔文进化论"物竞天择、适者生存"的理论超越了纯粹的生物学领域，逐渐演变成为一种历史哲学，人们对于争的强调已经到了无以复加的地步。谦让被人看成是懦弱、无能、胆小怕事、优柔寡断等的象征。

实际上，唯有真正的强者才能谦让。《易经》谦卦说："谦，亨。天道下济而光明。地道卑而上行，天道亏盈而益谦，地道变盈而流谦，鬼道害盈而富谦，人道恶盈而好谦。谦，尊而光，卑而不可逾，君子之中也。"无论老子和孔子的思想多么不同，在崇尚谦让这一方面，他们殊途同归，百虑一致。在他们那里，谦让都是天道自身展现时最为根本的表现。谦让，不是表里不一的矫揉造作，不是内心空虚的外在掩饰，恰恰相反，是力量的尊严和君子的节制最为恰当的表现。

作者身居高位却多次提醒“要夹着尾巴做人”，这其中就包含着深刻的让的哲学。让的哲学产生于对自身能力限制的清醒意识，产生于对于某个伟大目标的向往和切实追求，产生于大公无私、急公好义的精神。让是对于自己性情和欲望的节制，懂得让的人首先是有自知之明，同时又有知人之哲。让不是在大是大非面前退却。诚如孔夫子所言：“当仁，不让于师。”让的目的是为了尊重他人，是为了选贤举能，是为了和而不同，是为了个人德性的生长。

# 历史：创造与评判

◎历史不是写出来的，是干出来的，老百姓心里有杆秤。

◎「政声人去后」，现在人家说你好，不算好，将来人家说你正确，那才是正确。

◎武则天死后树了一个碑，但上面没有写字，意思是功过是非让后人、让历史去作结论。

现在人家说你好，不算好，等死后三四十年，甚至更长时间，人家说你正确，那才是正确。历史不是写出来的，是干出来的，老百姓心里有杆秤，这才是衡量正确与否的标准。

——《**老老实实做人 踏踏实实做事**》（《**正道直行**》）

努力学习，努力实践，把握好自己，把握好潮流，谦虚谨慎，艰苦奋斗，廉洁奉公，把本职工作做好。至于功过，让后人去评说。《资治通鉴》所记载的历史事实，隔了多少年后才在司马光手中写成。武则天死后树了一个碑，但上面没有写字，意思是功过是非让后人、让历史去作结论。

——《**党和人民的利益高于一切**》（《**庙堂之高 江湖之远**》）

司马迁《史记》在记录历史事实时，多有人物褒贬、道德评价。这种为传统中国史家所一直尊崇的春秋笔法，使中国史学发挥了维系人伦价值、维护社会公正的职能，在一定程度上成为中国道德尤其是中国政治道德的监护人。

## 历史：创造与评判

在某些西方哲学家眼中，历史是任人打扮的小姑娘，或者说，历史只是不同的时代持不同观点的人的回忆而已。他们有意无意地抹杀历史和历史观或者说历史学的区别，从而进一步混同这二者，认为历史无非是历史著作中展现的历史，是历史研究，把真实的历史等同于“想像”或者“虚构”。

在我们的文化传统中，“历”和“史”二者都是指的历史活动本身。“历”的繁体字最下面是脚的意象，它的意思是指人所真实经历过的事情。历史是无数代人的生命经历聚集而成的，而绝不可能出自向壁虚构。人们之所以可以谈论历史，人们之所以需要历史，是因为历史学的前提是我们的祖祖辈辈以及我们自己的生命经历有很多值得总结、值得景仰，值得批判、值得揭露的地方。

中国古代把“秉笔直书者”称为“良史”。良史就是老百姓的秤的代言人。古代的史官与后世大有不同，他们既典史策，又充秘书，即协助君臣执行

武则天无字碑

治国的法令条文。传宣王命、记功司过是他们的具体职责，兼有治史和治政的双重任务,实际就是具有褒贬臧否大权的文职大臣。当时记事的“书法”依礼制定，礼的核心在于维护君臣大义。赵盾不讨伐弑君乱臣，失了君臣大义，故董狐定之以弑君之罪。对此，孔子大加赞扬，称董狐为“书法不隐”的“古之良史”，后世据以称之为“良狐”，以表褒美之意。这是因为在礼崩乐坏的春秋时期，权臣掌握国命，有着生杀予夺的大权，以礼义为违合的书法原则，早已失去了它的威严，坚持这一原则，并非都能受到赞扬，而往往会招来杀身之祸。齐国太史就因写了权臣崔杼的“弑君”之罪，结果弟兄二人接连被杀。董狐之直笔，自然也是冒着风险的，因此，孔子赞扬他，后人褒美他，正是表彰其坚持原则的刚直精神。这种精神已为后世正直史官坚持不懈地继承下来，成为我国史德传统中最为高尚的道德情操。当然，随着时代的发展，直笔的含义逐渐摆脱了以礼义违合为内容的书法局限，从司马迁开始，赋予了它“不虚美、不隐恶”的实录精神，具备了唯物史观的实质。

与其说历史是一面镜子，可以正衣冠，可以正德行，不如说历史类似中华民族的宗教，我们的一切行为最终都要放在历史的法庭上接受检验。我们可以书写历史，但是，我们决不能通过言词的粉饰来为自己书写历史。我们不是历史法庭上审判自己的法官，而我们的行动却是我们接受审判时的辩护词。作者说：“现在人家说你好，不算好，等死后三四十年，甚至更长时间，人家说你正确，那才是正确。”“老百姓心里有杆秤，这才是衡量正确与否的标准。”老百姓的“秤”无非是人民的福利，以及人民的生活水平和生活状态，人民所感受到的德性和自由。作者说：“努力学习，努力实践，把握好自己，把握好潮流，谦虚谨慎，艰苦奋斗，廉洁奉公，把本职工作做好。至于功过，让后人去评说。”这句话包含着历史与历史学的关系。“留取丹心照汗青”（也就是“至于功过，让后人去评说”）的前提是“努力学习，努力实践，把握好自己，把握好潮流，谦虚谨慎，艰苦奋斗，廉洁奉公，把本职工作做好”。我们是编剧，设计我们自己如何行动；我们同时是演员，我们要让我们自己的行动惊天地，泣鬼神，让历史认为值得把我们的事迹记述下来，并给予我们公正的评价。在这里，行动（“干”）是基础，是决定和历史相关的一切的东西。

有一次，唐太宗问谏议大夫褚遂良：“你监管朕的起居，记录我的言行，这些记录可给我看吗？”褚遂良回答：“史官记载人君言行，善恶皆录，这样人君才不敢为非作歹，没听说人君可以自取观看的。”太宗又问：“朕做了坏事，你也记录吗？”褚遂良答道：“臣职当载笔，不敢不记。”这时有一官员叫刘洎插嘴说：“即便褚遂良不记，天下的人士也会记的。”太宗点头称是。面对历史创造和历史评判，共产党人同样会豪情万丈地说一句：“唐宗宋祖，稍逊风骚。”

## 特别链接：旧闻忆事

### 像“机器”一样运转

**来源：2008年武汉《汉水横冲》出版座谈会上一位同志的发言**

官正同志非常勤政。他像“机器”一样完全不间歇地运转，当时政府办公室很多人跟不上他的节奏，一般而言，白天参加重要的活动、会议，处理政府的日常事务，晚饭后，除了有会以外，大部分时间就是下厂，深入基层，深入实际。为了了解企业的真实情况，经常带个把工作人员，事先也不通知厂领导和市直分管部门领导，直接到车间看生产情况，坐在旁边和工人交谈，了解工人队伍和工厂的运行情况。

官正同志以自己的廉洁，带动政府的廉洁；以自己的办事效率，带动政府的办事效率。雷厉风行，从不拖拉推诿，赢得了群众的好评。武汉市民通过市长专线电话反映的问题总是能够得到尽快解决，“27777”五个数字把市长和人民群众紧密联系在一起。正是这种高效、廉洁，凝聚了全市人民，集中了各方智慧，调动了人民群众支持改革、参与改革的积极性。

### 工作中的“拼命三郎”

**来源：《民贵泰山》读书交流会上的有关发言**
**1996年《领导工作研究》第2期**

官正同志工作有一个很大的特点，就是雷厉风行、立说立行。很多重要的工作往往连夜开会研究，连夜部署落实，抓住不放，问题不解决他就寝食难安、心急如焚。

有一次，官正同志生病输液，当听说发生紧急安全生产事故，他二话没说，拔掉针头，拧开葡萄糖水瓶盖，咕嘟咕嘟喝完立即赶往现场。

1995年，江西遭受特大洪涝灾害，引起社会各方的关注。洪水肆虐之时，也正是吴官正心力交瘁之时——他的心脏病复发，不得不听从医生严令住进医院。但医院怎“关”得住省委书记的心！当他得知新建县恒湖农场二十四联圩倒堤的消息后，心急如焚，再也躺不住了，顾不得医生的劝阻，冒雨上堤看望遭灾的百姓，反复交代当地领导说：“不准饿死一个人，不准有一个人逃荒……”

# 高压态势与震慑效应：心理学缘由

◎要深挖腐败分子，让他们政治上身败名裂，经济上倾家荡产，思想上后悔莫及。

◎不能因为怕得罪人而不去办案，要保持查办案件的高压态势。

◎少数领导干部的家属和身边工作人员，利用领导的职务和影响，呼风唤雨，翻云覆雨，甚至无恶不作，实在令人担忧、吃惊。

◎要慎用、用好党内审查措施，所办案件要经得起历史检验。

制售假冒伪劣食品药品本质上就是谋财害人，都是可恶缺德的人，群众非常痛恨，要让他们成为“过街老鼠，人人喊打”，绝不能手软。造成严重恶果的要依法严惩，使他们身败名裂、倾家荡产、后悔莫及。

——《**认真解决食品药品领域中损害群众利益的问题 对制售假冒伪劣的要严惩不贷**》（《正道直行》）

要采取有力措施，严厉惩处金融违纪违法行为，形成强大的震慑力。依纪依法追究腐败分子的纪律和法律责任，按照有关规定限制和剥夺他们的从业资格和任职资格，增大腐败行为的成本和风险。采取收缴、退赔、没收、罚款等措施，加大经济处罚力度。对那些应当依法严惩的腐败分子，要让他们付出沉重的代价。

——《**严肃查处金融领域的违纪违法案件**》（《正道直行》）

我们要继续保持查办案件的高压态势，依纪依法严肃查办领导干部滥用权力、谋取私利、贪污贿赂、腐化堕落、失职渎职等方面的案件，重点查处利用人事权、司法权、行政审批权、行政执法权谋取非法利益的案件，查处工程建设、土地出让、产权交易、医药购销、政府采购、资源开发和经销等重点领域的商业贿赂案件。要深挖腐败分子，震慑腐败分子，让他们政治上身败名裂，经济上倾家荡产，思想上后悔莫及。

——《**拓宽从源头上防治腐败工作领域**》（《正道直行》）

少数领导干部的家属和身边工作人员，利用领导的职务和影响，呼风唤雨，翻云覆雨，谋取非法利益和不正当利益，甚至无恶不作，给国家带来重大损失，给党造成极坏影响，实在令人担忧、吃惊。对这样的腐败分子务必坚决查处，否则我们愧对党和人民赋予的权力！

——**《对官商勾结问题要严加治理》**（《正道直行》）

对查办大案要案，中央态度是坚决的，措施是有力的，不管是谁，不论其职务多高，隐藏得多深，只要搞腐败，就要一查到底，决不让他们逃脱党纪国法的惩处。

——**《继续深挖腐败分子》**（《正道直行》）

不能因为强调治本而放松办案，不能因为怕得罪人而不去办案。我们要继续加大查办案件工作力度，决不能有丝毫放松。

在具体案件的处理中，要坚持惩前毖后、治病救人的方针，做到宽严相济。包拯和欧阳修曾先后任开封知府，历史上有“包严欧宽”的典故，都为老百姓所称颂。所以，在查办案件中该严则严，该宽则宽。对确有严重违纪违法问题而又态度恶劣、拒不承认错误、对抗调查的，要从严处理；对虽有严重错误，但能够主动承认和改正，并配合组织查清自己和其他人问题的，要依照有关规定从轻、减轻处分；对那些犯有较轻错误的同志，由有关领导同志与他谈话，帮助其认识和改正错误，改了就好。

——**《查办案件是惩治腐败的重要手段》**（《正道直行》）

办案工作既要坚决，又要慎重，务必搞准。要严格依纪依法办案，使所办案件经得起历史检验。

要慎用、用好党内审查措施。该措施仅适用于与查办重要或复杂案件有关的涉嫌严重违纪的党员，不是查办案件的必经程序。要严格执行关于党内审查措施的使用条件、审批权限、使用期限等规定。不能搞逼供、诱供，侮辱人格，坚决防止发生被审查人员自杀、自残、逃跑等事故，切实保障被审查人员的合法权利。要对党内审查措施使用的全过程实行监督。

——**《纪检监察主要领导要把握好几个关键问题》（《正道直行》）**

包拯，一代名臣廉吏。任开封知府时执法严峻，不畏权贵，铁面无私，令后世景仰，民间称其为“包青天”。

## 高压态势与震慑效应：心理学缘由

人类天性上趋利避害，两害相权取其轻，两利相权取其重。一个人在犯了过失的时候总是害怕受到惩罚，而一个人在考虑是否为了某种利益而去冒险时，总会衡量它们之间的利弊。在这类犯罪者看来，人类的生存无非就是为了利益，而利益是可以计算、比较的。如果所接受的惩罚和所取得的利益相较而言要小得多，他们往往选择铤而走险；反之，如果可能受到的惩罚跟所取得的利益相比要重得多，他们就会放弃冒险犯罪。

当今商业化时代，利益得失更成为很多人考虑问题的出发点，利益最大化也成为不少人行为处世的基本原则。作者鲜明提出，要让形形色色的作恶者和腐败分子认识到，其自身不法与不轨行为的严重后果将是“身败名裂，倾家荡产，后悔莫及”；这体现出作者对于震慑心理学的深刻认知：对作恶者和腐败分子，处置的手段可以格外严厉，像扁鹊行医那样，动手术，下猛药，严肃查处，坚决清除出伍，以警示和震慑后来者，使他们在心理上产生一种特别的畏罪感。这可以说为心灵病态的掌握形形色色权力者开出了一剂重药良方。

对待违法乱纪和腐败行为，作者在强调出重拳、保持查处高压态势的同时，清醒地认识到："不要以为一味地严刑峻法，多杀人就可以治得了腐败。武则天重用酷吏，鼓励告密;朱元璋杀了许多贪官污吏，甚至剥皮实草，还搞东厂、西厂，但最终效果都不好。"指出："在具体案件的处理中，要坚持惩前毖后、治病救人的方针，做到宽严相济"，"要慎用、用好党内审查措施"，体现出一种可贵的人文清醒和人本关怀。

# 反腐与惩恶：三驾马车

◎品行好，人不忍为恶；制度好，人不能为恶；法制严，人不敢为恶。

◎要加大预防力度，像扁鹊的大哥那样，治病于未发之前。发现一些同志有苗头性问题，要像扁鹊的二哥那样，治病于初起之时，与人为善，早打招呼，改了就好。对腐败分子，要像扁鹊那样，动手术，下猛药，严肃查处。

◎不要以为一味地严刑峻法，多杀人就可以治得了腐败。武则天重用酷吏，鼓励告密；朱元璋杀了许多贪官污吏，甚至剥皮实草，还搞东厂、西厂，但最终效果都不好。

◎我们调查惩处了一个腐败分子，是一个成绩；如果我们通过办案发现制度上的漏洞，制定或者健全了一项法规制度，就会防止出现一批腐败分子，这是更大的成绩。

◎制度要行得通、做得到。

要深入推进反腐倡廉工作，必须坚决查处腐败分子，着力解决人民群众关心的不正之风问题，筑牢思想道德和党纪国法两道防线，逐步建立起中国特色的教育、制度、监督三者并重、相互配套的预防腐败体系。

实践证明，反腐倡廉既要注重思想道德建设，又要改革完善体制机制和制度。品行好，人不忍为恶；制度好，人不能为恶；法制严，人不敢为恶。

**——《逐步建立起中国特色的教育制度监督三者并重、相互配套的预防腐败体系》（《正道直行》）**

中国自古就讲“万事防为先”、“防患于未然”、“防微杜渐”等道理。古人说，“良医者，常治无病之病，故无病；圣人者，常治无患之患，故无患”。《鹖冠子》中扁鹊兄弟的故事，就说明了“良医治未病”的道理。我们深入推进反腐倡廉工作，也要加大预防力度，像扁鹊的大哥那样，治病于未发之前。发现一些同志有苗头性问题，要像扁鹊的二哥那样，治病于初起之时，与人为善，早打招呼，改了就好。对腐败分子，要像扁鹊那样，动手术，下猛药，严肃查处，坚决清除出党员干部队伍。

**——《深入贯彻落实科学发展观 加强党风廉政建设》（《正道直行》）**

不要以为一味地严刑峻法，多杀人就可以治得了腐败。武则天重用酷吏，鼓励告密；朱元璋杀了许多贪官污吏，甚至剥皮实草，还搞东厂、西厂，但最终效果都不好。

我们搞纪律检查工作，一是要实事求是。既要严惩贪官，又不要冤枉好人；既要严肃查处违纪党员，又要尽量教育挽救干部。坚持从严治党，并不是制度规定得越严越好，处理人越重越好。二是要讲究科学。比如，过去我们总是讲严肃查处违纪违法案件。现在把违纪和违法分开，我们是管纪律的，只能讲严肃查处违纪案件，触犯刑律的要及时移送司法机关。这样就比较科学。

——《**纪律检查工作也要与时俱进**》（《**正道直行**》）

我们调查惩处了一个腐败分子，是一个成绩；如果我们通过办案发现制度上的漏洞，制定或者健全了一项法规制度，就会防止出现一批腐败分子，这是更大的成绩。

——《**不断推进党风廉政建设和反腐败工作法制化**》（《**正道直行**》）

制度问题带有根本性、全局性、稳定性和长期性。要把制度建设贯穿于反腐倡廉各个环节，体现到各个方面。

要将一些重要的反腐倡廉制度适时转化为国家的法律法规，使反腐倡廉工作逐步走上制度化法制化轨道。

——《**既要坚决惩治腐败又要有效预防腐败**》（《**正道直行**》）

制度建设不能流于形式，不要贪多，不要一哄而起，搞花架子，关键要切实可行。制度一旦建立，就要公之于众，坚决付诸实施，常抓不懈。

——《**全省领导干部都要做为政清廉的表率**》（《**庙堂之高 江湖之远**》）

制度创新要科学有效、行得通、做得到。制度是管人的，人都有可能犯错误。我们制定制度，就是要针对那些不遵守甚至破坏制度的人。博弈论中有个“囚徒两难”的故事：两个人犯了罪，如果都不交代，将因证据不足而无罪释放；如果一个交代，另一个不交代，交代的判半年，不交代的判三年；如果两个人都交代，各判一年。这样两个罪犯就会盘算，假如都不招，可以无罪释放，但不能保证对方不招；假如对方先招，我就会重判，不如争取主动、坦白交代。所以，制度设计要考虑各种情况，努力做到使执行制度的人不吃亏，使不执行制度的人受惩罚。

——**《拓宽从源头上防治腐败工作领域》**（《**正道直行**》）

严是爱，纵是害。

要继续保持查办案件力度，维护纪律的严肃性。维护党的纪律，必须坚决制止违反纪律的行为，对严重违纪违法的腐败分子要严肃查处，绝不姑息。只有这样，才能体现纪律的严肃性，才能对广大党员干部尤其是有不廉洁行为的干部产生警示作用。

——**《坚决维护和执行党的纪律》**（《**正道直行**》）

培养一个干部不容易，垮起来却很容易。及时提醒，早打招呼，可以帮助一些领导干部有错早改。当然，对腐败分子必须坚决查处，不得罪极少数腐败分子，就是得罪了党和人民。

——**《逐步建立起中国特色的教育制度监督三者并重、相互配套的预防腐败体系》**（《**正道直行**》）

中央纪委盖办公楼，我建议搞个“徽”，画两把剑，一个盾，意思是扶正祛邪，惩恶扬善，也就是惩防并举，注重预防。你们到过佛教寺庙没有？四大金刚手上拿的就是风调雨顺。风调雨顺既是人民的良好愿望，也是党中央的希望；既是对自然界讲的，也是对人类社会讲的。风调雨顺就要发展，不发展就不能风调雨顺。弥勒佛两边有副对联：“大肚能容容天下难容之事，笑口常开笑天下可笑之人。”我们国家这么大，一是要讲团结，二是要有肚量。我们在一起共事都要注意团结，团结很重要。肚量要大，除了搞腐败、搞违法乱纪的事，我们都要能容得下。弥勒佛后面是韦陀，上面写着“扶正祛邪”。韦陀就是纪委书记、公安厅长。韦陀的眼睛盯着释迦牟尼，起保卫的作用。我们纪委希望风调雨顺，要讲团结，要扶正祛邪。扶正祛邪是为了人民的团结，为了国家的发展。对违法乱纪的要坚决查处，触犯法律的还要移交司法机关。纪委要保卫我们党不受攻击，要保卫人民不受欺诈。

——《加强对反腐倡廉前瞻性、系统性、战略性问题的研究》（《正道直行》）

拓展从源头上防治腐败工作领域，不断把反腐倡廉融入经济建设、政治建设、文化建设、社会建设和党的建设之中。

——《积极探索中国特色反腐倡廉的路子》（《正道直行》）

当今世界是一个开放的世界。经济建设要对外开放，反腐败也不能关起门来搞。腐败作为全人类需要共同解决的问题，离不开国际合作。

——**《进一步加强反腐败国际合作》（《正道直行》）**

一代名医扁鹊。《鹖冠子》中扁鹊三兄弟的故事，深刻说明了“良医治未病”、“万事防为先”的道理。

## 反腐与惩恶：三驾马车

“品行好，人不忍为恶。”传统儒家思想的一个根本特征是，它主要通过参与政治以表现人的入世精神。换言之，就是儒家所谓的以“修身”“齐家”“治国”“平天下”为己任的人生理想。孔夫子的人生理想就是修己以安人、修己以安天下：一个人的生命，以修身开其端，必须归结为从政以求治国平天下，也就是说，一个人的修身成德过程最后必然要表现为参加政治、领导社会。这种人生理想基本上都设定了“人性本善”的人性假说。孟子强调人有善端，只要顺应人的善端的发展，那么，最终的结果就是，“人皆可以为尧舜”。对于为政者来说，这点尤其重要，“人皆有不忍人之心。先王有不忍人之心，斯有不忍人之政矣。”换言之，在以入世为关怀的前提下，儒家进而要求建立一个和谐的政治社会秩序。这种透过政治以求得教化人世的理想，就是儒家“内圣外王”思考的终极目标。他们认为，修身与经世应该绾合为一，政治应该是人格的扩大。

作者谙熟传统文化中这一思想见解，把这种思想和马克思主义伦理学的思想道德教育结合在一起，认为反腐倡廉根本的地方还是要引导从政者和处于领导阶层的人阐扬自己人性之中善的一面，那样，既使党内腐败分子减少，更使人的尊严和德性得到体现。

“制度好，人不能为恶。”古代的儒家并不是盲目的人性乐观主义者，他们对于人性的幽暗之处有着惊人的洞悉。即使鼓吹“人性善”的孟子也说，“人之所以异于禽兽者几希”，这个“几希”是指人的道德力量，而称之为“几希”，足见道德力量自身的弱小，而在它之外的那些东西才是遮天盖日的庞大。荀子的性恶论思想更是对人性的幽暗面做了正面的彰显和直接的强调。正是由于不是一味强调人性的善的一面，而是肯定恶也是人性之最为本质的一个特征，他们认为，对于人的行为必须有一定的约束，在人犯过失的时候必须对人进行制裁，只有这样，这个社会才能变好。由于对于人性幽暗意识的深刻认识，儒家思想当中便有一个成分，这种成分并不否认主观人格修养的德治观，不完全否认人格修养对于政治理想的意义，但是更加突出另外一些方面：不论是个人的成德或者群体的德化，其关键在于客观的礼乐制度的制约和熏习。

在西方政治思想传统中，由于受基督教的影响，这种幽暗意识更是得到非常广泛的关注。因为人性是不可靠的，防止专政暴力的最好办法就是使领袖独揽大权的危险在制度上无形化解。美国著名政治家、参与撰写“联邦论文”的汉密尔顿就曾经说过：“我们应该假定每个人都是会拆烂污的瘪三，他的每一个行为，除了私利，别无目的。”“宪法之父”麦迪逊也提出过一个非常有意义的问题：“政府的存在不就是人性的最好说明吗？如果每一个人都是天使，政府就没有任何存在的必要了。”他们都在强调制度的必要性，甚至在处理人类事务中的根本地位。制度是防御和改造罪恶的有效手段。

“法制严，人不敢为恶。”制度的存在并不直接等同于制度的有效性。荀子曾说过：“有治人，无治法。”法律制度不会自己自动地执行功能，法律制度的贯彻实施最终还是要人去办的。法律的功能有二：一是惩治犯罪；

二是预防犯罪。正如最高明的将领能够“不战而屈人之兵”，最好的法律也能够达到造成“人不敢为恶”境况的目的。孔夫子说：“听讼，吾犹人也。必也使无讼乎！”这里所说的无讼，当然指的是根本没有人会去打官司，因为教化使得人人为善。可是，那毕竟是一个乌托邦式的理想。一个很现实的目标毋宁是：由于执法者的严厉，几乎没有人敢去违法犯罪。

法家代表人物韩非子也持人性恶的观点，在他看来，“利之所在民归之，名之所彰士死之。”正因为人人具有“利欲之心”，所以为政者才动用赏罚之权来推行法制：“凡治天下，必因人情。人情者，有好恶，固赏罚可用；赏罚可用则禁令可立而治道具矣。”而为了使法律的权威树立起来，法律一定要特别严厉，“明王峭其法，而严其刑。”

上述虽然是短短的三句话，却言简义丰，耐人咀嚼，体现出中国和西方政治哲学思考中关于人的“天使”（人有善端）和“魔鬼”（幽暗之处）方面的思想精华，包含着对于天理、国法和人情的深入思考，在现实中具有特别的指导意义。

# 民族复兴与重生：改革的历史性使命

◎改革要有三股劲：闯劲、韧劲和狠劲。

◎武汉毛巾厂发生的对抗改革行凶杀人事件，充分说明改革是一场深刻的革命，必然遇到一些顽固势力的抵制和反抗。

◎改革到哪里，经济效益就会到哪里，这就是改革的真理。

◎要把思想搅动起来，敢于创新，敢于突破，敢于担风险。

◎城市经济体制改革是一项巨大的社会系统工程。这就要求运用系统论的观点，搞好全面配套改革。

◎全面改革是必由之路。要把改革从经济领域扩展到政治领域，并不断引向深入。

我们的改革怎样才能够取得较大的突破？

首先，各企业的领导同志要有三股劲：一是要有勇于创新、积极进取的闯劲；二是要有无私无畏、百折不挠的韧劲；三是要有严于治厂、动真碰硬的狠劲。改革是没有现成模式的，只有敢字当头，大胆探索，大胆创新，才能取得成功。改革是一场革命，必然触动一些部门和人员的既得利益，会遇到来自各方面的压力、阻力，改革者就要有无私无畏的凛然正气，勇于克服各种阻力，坚决把改革搞到底。

大家对武汉毛巾厂发生的对抗改革行凶杀人事件，反应十分强烈。对立志改革，不畏邪恶，坚持原则，大胆管理而光荣负伤的陈振邦同志，市委、市政府要在全市大力进行表彰。对于持刀杀人的凶手，政法部门要依法从严、从快作出判决。这一事件充分说明，改革是一场深刻的革命，必然遇到一些顽固势力的抵制和反抗。各级领导要热情支持敢于破旧创新的改革者，当他们受到非难时，要理直气壮地为他们讲话，当他们受到打击时，要站出来为他们撑腰。对那些阻挠、破坏改革的人，要坚决斗争、严肃处理。

——《放开手脚 勇于改革》(《汉水横冲》)

改革到哪里，经济效益就会到哪里，这就是改革的真理。

——《走好改革的“四步棋”》(《汉水横冲》)

以城市为重点的整个经济体制改革，是一项十分艰巨复杂的社会系统工程，其内部各方面、各环节互相依存，互相制约，处于不可分割的联系之中。这就要求运用系统论的观点，搞好全面配套改革。

——《**城市改革是一项巨大的社会系统工程**》(《**汉水横冲**》)

全面改革是实现社会主义现代化的必由之路。武汉是经济体制综合改革的试点城市，我们的改革不但不能停顿，而且要勇于探索，大胆创新。要在总结经验，认真做好“巩固、消化、补充、改善”工作的基础上，把改革从经济领域扩展到政治领域，使经济体制改革和政治体制改革紧密结合起来，并不断引向深入。

政治体制改革是全面改革的一项重要内容。我们在改革经济体制的同时，也要在政治体制改革方面积极探索，大胆开拓，为建立高度民主、法制完备、富有效率的政治体制作出努力，为经济体制改革创造必要的条件。

政治体制改革是上层建筑领域的一场革命，复杂而艰巨。从思想观念到理论探讨，从制定措施到思想政治工作保证，都有大量工作要做。必须坚持积极稳妥的方针，主意拿准了再动手，看准一点改一点。

——《**勇于探索 推进改革**》(《**汉水横冲**》)

转变思想观念，增强改革意识。

我来江西才半个月，接触到不少同志，都深感到这个问题重要。要把经济搞上去，我看树立商品经济观念尤为重要：一是市场观念，二是效益观念，三是竞争观念，四是价值观念。

江西经济不发达，我认为我们有一个改革意识不强和创造性工作不够的问题。我们应当通过学习和实践，坚决加以克服。

——**《转变思想观念，增强改革意识》**（《**庙堂之高 江湖之远**》）

我们要抓住机遇，坚定不移地靠改革去发展经济，靠改革去改善人民生活，靠改革去克服困难，不断打破僵化思想，把思想搅动起来，敢于创新，敢于突破，敢于担风险，坚持在改革、开放中做出新成绩。

——**《勇于探索，勇于创新》**（《**庙堂之高 江湖之远**》）

改革，是一项复杂的社会系统工程，必须按照系统论的观点，科学地认识改革，大胆地深化改革。

深化改革必须以不断解放思想为先导。全面改革要求我们重新审视长期形成的传统观念，使我们的思想从那些被实践证明是不合乎经济和社会发展客观规律的条条框框中解放出来。在新的问题、新的困难、新的矛盾面前，只要我们始终坚持解放思想、实事求是的思想路线，始终坚持一切从实际出发，大胆试验，大胆探索，就一定能不断地深化改革。

根据邓小平同志提出的理论和江西的实际，我们提出了“以改革促发展，以开放促开发”的方针，这是江西改革和发展实践的一条基本经验。

——**《改革实践的经验是十分宝贵的财富》**（《**庙堂之高 江湖之远**》）

提高经济效益，必须优化经济结构……在调整结构中提高效益……在结构调整中，要做到三个结合。一是结构调整与技术进步的结合，根据国家产业政策，以科技进步为先导，重点改组、改造和提高加工工业。二是结构调整和开发新产品、提高产品质量结合，抓好重点产品、重点行上的生产，巩固已有的优势产品和产业，发展新的产品和产业。要对工业企业进行优化组合，形成新的群众优势。三是结构调整与开拓市场相结合，立足国内市场，积极扩大国际市场。

——《调整结构 提高效益》（《庙堂之高 江湖之远》）

放开搞活是改革，加强纪律，搞好监督，也是改革。……不增强党的纪律，切实搞好监督，坚决清除党内腐败现象和腐败分子，怎么能够给开放搞活创造一个良好的环境呢？……因此，我们一定要在思想上搞清改革和加强纪律的关系，越是放开搞活，各级党组织越是要增强党的纪律观念，越是要加强党的纪律。只有这样，才能为改革提供必要的条件和保证。

——《强调党的纪律》（《庙堂之高 江湖之远》）

当前，我国还处于体制转轨、结构调整和社会变革的历史时期，违纪违法现象在一些领域仍然易发多发。原因是多方面的，但与改革不到位、体制不完善、制度不健全有很大关系。我们必须坚持社会主义市场经济改革方向，把反腐倡廉寓于改革和体制创新之中，在重点领域和关键环节取得新的突破，形成有效防范腐败的机制。

——《以改革统揽预防腐败工作》（《正道直行》）

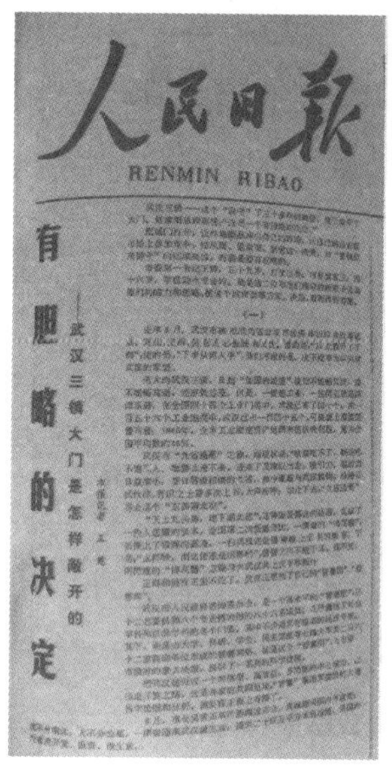

人民日报

RENMIN RIBAO

有胆略的决定

——武汉三镇大门是怎样敞开的

1985年，人民日报接连发表三篇文章《走一步　看一步》(3月17日头版)、《有胆略的决定》(5月11日头版) 和《胆识来自智力“集团军”》(6月25日第三版)，介绍武汉城市经济体制改革的典型经验和实现的变革创新。

## 民族复兴与重生：改革的历史性使命

自1978年以来在中国大地开始的改革，必然具有里程碑式的历史意义，它对于中华文明发展的影响力将在之后的历史进程中继续深刻地体现出来。或许，这场改革和殷周之际的变革具有同样的历史价值。王国维说过，殷周之际的思想、制度变革对于之后三千年的中华文明具有决定性意义，在某种程度上，是这场改革塑造了中华文明三千年辉煌的历史。而中华文明由传统形态向现代形态的彻底转型，则在近30多年来的改革中第一次真正得以开启，她预示着一个伟大民族在新的文明形态中的复兴和重生。

在近30多年中国改革大业中，城市改革无疑是其中一场重要的伟大变革。在城市经济体制综合改革这场伟大的变革中，作者与武汉的广大干部群众一起，以实际行动实践了邓小平同志“改革是第二次革命”的科学论断。武汉城市改革作为改革初期在全国有着重要影响力的改革试点，其实践经验无疑具有典型意义。基于这一成功的鲜活的改革实践，作者关于改革的理念和思路体现出其独特的意义和价值。

不仅在武汉，从地方到中央，作者对改革理念的坚定和笃信一以贯之。阅读作者关于改革的一系列论述，我们能很强地感受到其中有两大基本观念支撑：系统科学思维和改革创新精神。作者于1985年10月在中央党校第一期市长研究班上所作的题为《城市改革是一项巨大的社会系统工程》的授课，反映很好、反响很大，实际上是对当时整个武汉成功改革经验的系统理论总结，也为我们提供了一个将系统科学、系统思维运用于社会实践的范例，是我们进一步推进改革事业的重要理论参考；而党的十六大以来中央纪委在实践中探索、在继承中发展，成功摸索出一条坚持和完善反腐倡廉方针、建立健全惩治和预防腐败体系、拓宽从源头上防治腐败工作领域三者统一的中国特色反腐倡廉新路子，也同样深刻体现了作者在武汉改革时期所倡导的系统科学思维。在作者的改革理念中，除了对科学理论和科学思维的强调，更有对改革精神伟力的推崇:作者有关武汉改革“三股劲”的讲话，充分彰显出改革者特别是改革领导者在改革发轫之初所形成和展现的敢字当头、勇于创新、求实唯实、一心为公为民的精神特质；而针对作为内陆省份的江西在当时改革意识不强的状况，作者又鲜明提出要以解放思想为先导，不断打破僵化思想，“把思想搅动起来”，这同样让我们感受到改革者在改革初期所秉持和坚守的精神的力量。

## 特别链接：旧闻忆事

### 武汉改革：以搞活“两通”为突破口

**来源：1985 年 6 月 25 日《人民日报》**

武汉经济体制综合改革跨出了可喜的一步。有些重要领域的决策，中央领导称为有胆略的决定。

武汉经济体制综合改革“突破口”选在哪里？一题既出，高论各异。咨询委员会是市府的高级参谋部，建议、设想果然出手不凡。

“武汉雄踞长江中游，京广大动脉的中段，是我国商品的重要集散地，抓活流通、交通这‘两翼’，武汉经济才能起飞。”“两通”派观点一露，就成为众矢之的。武汉大学教授李崇淮不顾 69 岁高龄，他一论、再论、三论、四论“两通”起飞可行，据理力争；

“工业这个主体不壮实，光靠‘两翼’呼哧呼哧，能飞得起来吗？再说手中无米鸡不来，武汉市没有打得出、叫得响的拳头产品，怎么发挥城市的吸引、辐射的功能作用？”工业先行派寸步不让，呼应者众多；

“要以科技立市。日美等国就是如此。科技水平将是制约各个地区经济发展的关键。识时务者为俊杰。”

“武汉一无石油、二无矿藏。古人曰：‘两湖熟，天下足’，鱼米之乡不靠鱼米靠什么？”……

“诸子百家”，各持己见。市委、市府根据武汉计划单列以后的财力、物力现状，决定选用搞活“两通”为改革的突破口的方案。消息传出，市内外引起强烈反响。

学术自由的空气开阔了领导的视野。市委、市府为了使视野更加开阔，从全国各大城市请来了“智囊”：著名经济学家钱俊瑞、于光远、宦乡、蒋一苇、童大林等 40 多位学者专家，千里迢迢来汉，运筹谋划；日本、联邦德国友好城市的十几位专家也纷纷参加咨询。

集思广益，择善而从。

把武汉建成开放型、多功能型的中心城市，而敞开三镇大门，搞活“两通”（交通、流通）为改革的突破口。方针定下，坚决执行。1983 年 6 月，市长吴官正举行新闻发布会，真诚地向国内外宣布：地不分南北，人不分公私，一律欢迎来武汉做生意；提供 24 万平方米的场地，供国内外客商开发、投资、做生意。

“两通”稍有突破，城门一敞开，武汉的地理和市场优势立即显示出来，并产生了巨大的吸引力。

## 克服思想上的“左”、组织上的“派”、作风上的“懒和散”

**来源：2010 年南昌《民贵泰山》读书交流会上一位同志的发言**

坚持党的基本路线，走改革开放之路，是吴官同志从政之始的初衷，并一以贯之于全部领导工作历程。他赴江西任省长之后，如同在武汉任市长时放开武汉三镇城门一样，在全省大行改革、开放之风。从江西实际出发，他看到江西是革命老区、是经济欠发达地区、是毗邻沿海开放特区的边际省区，因而在江西任职之初，便提出要克服思想上的“左”、组织上的“派”、作风上的“懒和散”，并首先从贯彻“一个中心、两个基本点”的基本路线的大局出发，把着力点放在解放思想，清除“左”的思想束缚上。倡导创立赣州改革开放试验区，进而使江西这个老区面向沿海特区敞开大门，加快经济发展，改变江西贫穷落实面貌，是吴官正同志胸有成竹而又敢为人先的思想政治气概。

记得 1991 年 5 月间，吴官正同志率江西省政府学习考察团赴广东深圳听取郑良玉市长经验介绍时，郑市长曾谦虚地说，吴省长在武汉当市长时就以搞活“两通”而享誉全国，现在我们要在改革家面前谈改革是有些班门弄斧，而吴官正同志也真诚地说，我们江西搞改革开放是向广东深圳学来的。

## 改革创新光荣，自力更生光荣，加快发展光荣

**来源：1996 年《领导工作研究》第 2 期**

当天的《人民日报》，头版醒目地登载一篇江西的报道，题目是：《在不声不响中前进》。

“江西地处内陆，不沿海、不沿边，经济基础薄弱，为何在短短几年内经济建设取得令人振奋的成就？”我们就这个问题请吴官正书记谈谈看法。

吴书记谈了几点体会：

“一是坚决执行中央的方针政策。小平同志视察南方重要谈话发表后，我们针对不少江西人思想上背着‘革命老区’的包袱，口头上讲‘发扬革命传统，争取更大光荣’，心里头却总是‘依赖国家’的问题，大张旗鼓地开展了一场解放思想、转变观念、开放兴赣活动，大讲改革创新光荣，自力更生光荣，加快发展光荣。一个人总要有一股精神、一股气，不等、不靠、不伸手，我觉得这才是最重要的！

“二是在执行政策时不取巧，不去研究什么‘对策’。1992 年，中央领导反复给各地打招呼，防止经济过热，我们真正听进去了，在江西没有盲目搞开发区，没有盲目乱上项目、乱铺摊子，避免了不应有的折腾，保证了经济建设的持续、平稳发展。

“三是实干。要真正耐得住‘寂寞’，不外慕纷华，咬紧牙关，负重前行，胜利总是属于坚持到最后的人！”

吴官正书记一番话语讲得朴实无华。

## 把思想搅动起来

**来源：1997 年《江西通讯》第 4 期**

搅动思想是解放思想形象化的说法，江西人民在改革开放和现代化建设的实践中，深深地尝到解放思想的甜头。

1987 年到 1988 年，在江西进行了一场以生产力标准大讨论为主要内容的思想解放运动。“以放对放、以活对活”的改革，重新构造了江西与沿海地区

的经济关系，1800 多个关卡在这一改革中撤销了。紧接着，价格改革措施出台，大力调整了涉及全省经济大局的农产品价格，为农业总体开发战创造了良好的经济条件。思想解放的结果，使江西经济出现了一个较大的跨跃。

1992 年在邓小平南巡谈话和党的十四大精神的鼓舞下，江西又掀起新一轮解放思想的浪潮。从此开始，全省经济进入一个新的发展阶段。国内生产总值增幅明显加快，出现了高于全国平均增长速度的势头。到 1994 年，提前 6 年实现了"翻两番"的发展任务。

这一次，江西又要进一步解放思想。吴书记的一段话，凝聚着 4100 万人民的意志。他说：当前经济生活中有较多的困难，江西要有所作为，敢于争先。做到这一点，就必须把思想进一步搅动起来。

## "赚一块钱"

**来源：1996 年《企业经济》第 6 期**

新余钢铁有限责任公司是江西最大的一家国有钢铁企业，近两年来，企业连年亏损，生产经营形势十分严峻。但他们奋力拼搏，1996 年情况发生了很大的变化，生产经营形势一月好于一月，亏损不断趋于减少。

吴官正在听取这家企业总经理汇报之后，微微笑着，问道："你们今年能不能赚到一块钱？"

一个大型企业，一年赚一块钱？人们不由一愣。

他意味深长地接着说："真正赚到这一块钱，不容易啊！"

人们明白了，他所说的"赚一块钱"，是企业彻底改变亏损状况，真正实现盈利的形象说法。赚这样的"一块钱"的确不是一件容易的事情。

他用十分坚定的口吻，对在场的同志说道："要赚到这'一块钱'，首先要坚定信心。在当前困难较多的情况下，谁能挺得住，有志气、有信心、有办法，就能赢得发展的主动权，就能在'山穷水复'之中找到'柳暗花明'的出路！"

大家的心热了。这家企业的总经理激动地表示："我们一定要赚到这'一块钱'！"

# 开放：主动进入世界历史

◎开放慢了迟早要倒台。

◎开放本质上也是改革，打破方方面面的封闭状态，适应国际市场规范，无疑是一项深刻的变革。

◎武汉从「两通」突破，不是没有斗争的。广东在武汉办一个轻工产品展销会，有人认为这是引狼入室。

◎敞开城门，必须城乡通开，城城通开，互为依托，协调发展。既要打破就城市论城市的传统观念，又要打破就农村谈农村的传统观念。

◎只「开」不行，还要「放」，要放权、放心、放手、放活。

◎经济建设要对外开放，反腐败也不能关起门来搞。

开放是中央提出的既定国策。对此各地的具体做法都不一样。有的怕因开放，把自己搞垮了。我想，开放慢了迟早必然倒台。而开放后可以打破城乡、部门、条块分割，使全社会形成经济的有机整体，为我们搞好经济工作创造条件，提供方便，只有开放才能统一。开放后，不积极努力缩短差距，倒台了活该，社会经济的发展是谁也不能阻挡的，保护落后是没有出路的，是一条通往灭亡的道路。

武汉从“两通”突破，不是没有斗争的。广东在武汉办一个轻工产品展销会，有人认为这是引狼入室。我们主要领导统一了认识，觉得只有通过开放才能使武汉早日争取主动，通过开放发现差距，缩短差距，奋发努力，就能变劣势为优势。

——《**走好改革的“四步棋”**》（《**汉水横冲**》）

我们经过反复讨论，下决心敞开三镇大门，接受商品这门重炮的轰击，让企业见市场的世面，经竞争的风雨，使企业在开放和竞争中求生存、求发展，采取了一系列开放措施，如放手在全国范围实行零部件招标，在2000多个企业中，大范围地选举、聘任企业领导人，等等。总之，借助外部的先进力量，冲击自己，引火烧身，给全市企业树立“对立面”，造成一个强大的外在压力，从而在内部激发起奋发图强的力量。

有些企业几乎是被置于“死地”而后生；有些企业走出困境，奋发图强，“柳暗花明又一村”；一大批企业在竞争中走上了专业化协作的联合之路，城市经济也初步焕发了活力。

——《**城市改革是一项巨大的社会系统工程**》（《**汉水横冲**》）

敞开城门，必须城乡通开，城城通开，互为依托，协调发展。

在新形势下，领导城市工作，必须打破两个传统观念，即既要打破就城市论城市的传统观念，又要打破就农村谈农村的传统观念。要统筹城乡全局，把城市经济和农村经济有机地融合为协调发展的一体化经济。因此，城乡通开，城城通开，大力发展城乡商品经济，是城市经济体制改革的一个基本指导思想。

——**《城市经济体制改革是一个巨大的社会系统工程》**（**《汉水横冲》**）

目前，沿海省市放得很开，步子迈得很大，他们不但开了门，还开了窗户，有的还开了“天窗”。相比之下，江西只能说是开了一点门缝，我看在思想上还有待于进一步解放，开放引资，放权搞活。只“开”不行，还要“放”，要放权、放心、放手、放活。

——**《真抓实干，实现全省经济跳跃式发展》**（**《庙堂之高 江湖之远》**）

江西要四面开放，实行不平衡发展。

到底如何开放，如何搞活经济？我们应该对不同地区采取不同的措施。

例如赣南，省政府决定搞一个“经济体制改革试验区”。搞这个“试验区”的意图就是让赣南18个市县对广东、福建彻底开放。

九江处于长江中游和赣北的中心，这个地方应加快开放的步伐，加快重点建设，改善投资环境。我给他们提了一个建议，能否搞一个外引内联的优惠区。行不行？我看可以。

再一个是搞活中心城市，特别是南昌，还有新余、萍乡、鹰潭、上饶。要进一步下放权力，扩大他们的管理权限，增强城市的辐射力、吸引力。江西落后，一个很重要的原因就是我们的城市不发达。因此，应加快城市改革步伐。

开放还涉及我们省20多个边界县在两个市场、两种价格的情况下如何放开。为什么广东、福建比我们搞得活，因为我们没有放开。我看人家有的，我们可以干；人家没有的，我们也可以干。必须把边界贸易进一步放开。

我们省的开放应该是南北呼应，由外向里，彻底开放。我们在放的同时，要加强管理、改善管理。该怎么办，就怎么办，但不能因为出现什么事就不敢干。

我看拉平来是不行的，不平衡发展就有个先富、后富、共同富的问题。

——**《以放对放，以活对活》**（**《庙堂之高 江湖之远》**）

充分发挥优势，使一部分有条件的经济区域加快发展、率先富裕，这是经济发展的客观规律。平衡是相对的，不平衡是绝对的。

我们要正确对待客观条件引起的发展差距，努力避免工作上的不平衡。各地都要找出自己的优势，扬长避短，共谋振兴，共同富裕。

——**《处理好改革和发展中的问题》**（**《庙堂之高 江湖之远》**）

开放本质上也是改革，打破方方面面的封闭状态，适应国际市场规范，无疑是一项深刻的变革。

江西是一个内陆省份，开放条件不如沿海，必须探索内陆省开放之路。为此，我们实行“敞开南北两头，搞活中心城市，打开内陆山区，梯度推进开放”的战略。特别是进一步扩大赣州地区和与沿海地区毗邻的18个县（区）的经济管理权限，鼓励他们采取灵活的措施，主动与粤闽两省的开放政策“接轨”。在加快昌九工业走廊建设的同时，依托南昌、九江、景德镇三个中心城市，抓紧开发环鄱阳湖地带，逐步形成昌九景三角开放区。同时，积极促进生产力布局向南拓展，形成以京九沿线为主干、浙赣铁路沿线为两翼的生产力布局和大开放格局。

——《改革实践的经验是十分宝贵的财富》(《庙堂之高 江湖之远》)

在发展商品经济，开拓市场的形势下，靠什么去增加竞争能力，赢得市场，占领市场呢？要靠经济实力。体现经济实力的一个重要标志，就是看你有没有优质、价廉、适销对路的拳头产品，就看你的产品能不能占领省内市场，能不能增加国内市场的份额，能不能打进国际市场。

——《走以内涵扩大再生产的路子》(《庙堂之高 江湖之远》)

当今世界是一个开放的世界。经济建设要对外开放，反腐败也不能关起门来搞。腐败作为全人类需要共同解决的问题，离不开国际合作。随着经济全球化趋势的深入发展，人员、资金、信息在国际范围内频繁流动，腐败问题日益呈现跨国性的特点。据世界银行初步统计，全世界每年约有2万亿美元涉及腐败的资金在跨国流动，相当于全球33万亿美元生产总值的6%。国际上的一些有识之士认为，腐败从来不是哪一个国家的独特现象，没有任何国家或社会可以宣称自己是纯粹的净土。有些在我国投资的跨国公司，也存在向我国有的单位和人员行贿的问题。国内一些腐败分子为了逃避惩罚，携巨款逃亡国（境）外，企图利用某些国家作为躲避法律惩罚的避风港，影响很坏。随着“走出去”战略的实施，我国对外投资规模不断扩大，加强对境外中资机构及其外派人员监管的问题日益突出，很多情况下还要与东道国相关机构进行合作。加强反腐败国际合作，已成为世界各国的共同选择，也是我国进一步加强反腐败能力建设的客观需要。

——**《进一步加强反腐败国际合作》（《正道直行》）**

意大利航海家哥伦布。先后4次出海远航发现了美洲大陆，开辟了新航路。对此，《共产党宣言》评述道："美洲的发现、绕过非洲的航行，给新兴的资产阶级开辟了新天地。"一种新的全球秩序很快诞生，历史第一次真正演化成为世界历史。

## 开放：主动进入世界历史

开放，内含着一种深刻的世界意识，一种宏阔的全球视野；开放，在一定程度上，就是主动地进入世界历史。

在我们的传统思想中，天下概念和世界历史概念有某种相似性。我们中华文明本来就不是一个民族国家，而是诸民族在漫长历史中不断交往和融合的结果。在已出土文物中，"中国"一词最早见于西周初年的青铜器"何尊"的铭文。我们把自己称为中国，那是由于我们所理解的天是个圆盖形，天下自然也是圆形的，而我们就居于这个圆的中心。可是，世界历史概念打破了我们这个想法。西方资本主义现代化的发展第一次形成了真正的世界历史。

在某种意义上，世界历史又首先是一种观念。世界历史的前提是：我们要理解世界，而不是把目光局限于一个特殊的国家。在世界历史形成的过程中，我们可以发现，在一个特定的历史时期，它选择一个民族或者国家作为自己的代言人，以充当历史性民族或国家。

在世界历史选择自己的历史性民族时，只有那些满怀着开放心灵的民族才能够得天时、地利、人和之便；封闭心灵、紧闭国门，就是自绝于世界历史之外。大汉声威，盛唐气象，都是和开放的心灵紧密联系在一起的。形成对照的是，宋、明、清的积贫积弱都和封闭的心灵相关。毫无疑问，开放的心态才能让我们进入世界历史。

开放，不仅仅表现在一个民族或者国家和其他民族、国家之间的关系上，也表现在一个民族或国家内部各个地域、部门之间的关系上。在作者的有关论述中，我们就能强烈地感受到一种深刻的开放意识。他说："开放慢了迟早必然倒台……只有开放才能统一。"他同时指出："开放本质上也是改革，打破方方面面的封闭状态，适应国际市场规范，无疑是一项深刻的变革。"

从地方到中央，无论是在改革发展事业中，还是在党的建设工作中，作者在各级领导岗位都大力实践和推行开放理念。在武汉，他提出："开放才能使武汉早日争取主动，通过开放发现差距，缩短差距，奋发努力，就能变劣势为优势。"我们也确实看到，武汉改革从"两通"突破取得了巨大成功。在江西，他指出："江西要四面开放"，要"南北呼应，由外向里，彻底开放"，提出要实行"敞开南北两头，搞活中心城市，打开内陆山区，梯度推进开放"的战略，形成大开放格局——这种彻底的开放理念对于一个内陆省份来说，不啻为一次深刻的思想解放。在中央主持党风廉政建设工作期间，他同样鲜明地提出："当今世界是一个开放的世界。经济建设要对外开放，反腐败也不能关起门来搞。"

开放，是一种自信，使我们有勇气面对世界历史；开放，给了我们一个契机，使民族复兴的过程不是关起门来演戏，而是在伟大的历史关头接受考验。我们要主动进入世界历史，才有机会再次成为历史性的世界民族。这亦是作者笃守开放理念带给我们的思想启示。

# 求贤 举贤 纳贤

◎敢于破格提拔一代新人。

◎落后就要请先生，德国专家格里希就是我们要请的先生中的一个。

◎把权力与智力结合起来，使决策科学化。

◎提拔年轻干部，往往会有人讲，他还年轻嘛！诸葛亮年轻当军师，不是干得挺好吗？

◎有德无才难干成事，有才缺德会干坏事。

◎主要领导干部要有容人之量，不能武大郎开店——比自己高的不要。

◎在扩大干部工作民主的情况下，有的怕得罪人，怕丢选票，不敢抓、不敢管，好人主义盛行，甚至出现了「媚下」的问题。

翻开1984年的采访本，记载最多的当推武汉引进“洋厂长”。

当年11月1日，65岁的德国退休专家格里希受聘出任国有企业武汉柴油机厂厂长。在社会主义的中国，聘请资本主义国家的一位老人当国有企业厂长，无疑是条重大新闻。

10多天以后，国务委员张劲夫来湖北考察获悉此事，肯定“武汉大胆走了第一步”，称此事“将引起全国的注目”。接着，总书记胡耀邦又在新华社一份“内参”上作了批示。

——《**聘任“洋厂长”前后**》（《**汉水横冲**》）

聘请外国专家当厂长，并不是我们的独创。苏联十月革命以后，列宁、斯大林时代都曾这样办过。今天，我们在“四化”建设中，为什么不能走这一条路子呢？我们在许多方面还不如人家，落后就要请先生，格里希就是我们要请的先生中的一个。我们要肃清“左”的影响，进一步解放思想，大胆引进人才，把武汉的企业整顿好、管理好、建设好。

——《**这个建议提得好**》（《**汉水横冲**》）

改革要研究各种经济变化的相互关系，选择好改革方案，避免盲目性。要达到这个目的，单靠领导者个人的智慧和经验是不够的，需要依靠专家、智囊团的作用，重视知识，重视科学决策。我们按照权力与智力、决策与咨询、当前与长远、理论与实际相结合的原则，聘请各方面的专家、学者，成立了咨询委员会。全市的经济发展战略和重要的改革方案，都请专家学者咨询论证，然后再进行决策。决策经过咨询论证，有可能做到科学化。

——《**城市改革是一项巨大的社会系统工程**》（《**汉水横冲**》）

市场经济的本质是竞争。而市场竞争，归根到底又是人才的竞争。“物华天宝”、“人杰地灵”，关键是要重人才。这里所说的人才，不仅是指经济技术和自然科学方面的人才，也包括社会科学以及各项管理方面的专业人才。在计划经济向社会主义市场经济转轨的过程中，尤其需要一大批作为市场竞争主体的代表，一大批在市场竞争中叱咤风云、指挥若定的将才，需要一支企业家队伍。

——**《努力造就宏大的企业家队伍》**(**《庙堂之高 江湖之远》**)

要让人才脱颖而出，首先要破除旧思想，树立新的用人观点。破“论资排辈”的旧观念，敢于破格提拔一代新人；破所谓“经验不足”的旧观念，敢于起用有知识的中青年干部；破求全责备的旧观念，敢于起用有争议的具有开拓精神的干部；破“一刀切”的旧观念，敢于从实际出发选人用人，既讲文凭，又讲水平，不拘一格选拔人才。

——**《大胆放开搞活 加快城市改革步伐》**(**《汉水横冲》**)

用才首先要识才、尊才。刘备能够鼎足三分据巴蜀，很重要的一条就是尊贤重才。“三顾茅庐”的故事几乎妇孺皆知，说的就是刘备求贤若渴，亲自登门，把诸葛亮给请出来了。后来有一位诗人写了一首诗称赞说：“豫州军败信途穷，徐庶推能荐卧龙。不是卑词三访谒，谁令玄德主巴邛？”人才是在实践中成长的，只有大胆起用，让他们到适合的岗位上锻炼，才能迅速成才。人才的成长，需要帮助，需要扶持，需要培养，需要保护，不疑三惑四，不究其小过，不强其所不能，才能使其尽心尽力，才能使其发挥应有的作用。

——《城市改革是一项巨大的社会系统工程》（《汉水横冲》）

要坚决破除宁压勿错、怕负责任的错误思想，树立起选人用人失误是过错，埋没、耽误人才也是过错的思想。因为人才的成长是有很强的时间性的，错过了几年，错过了年富力强的最佳时期，就等于错过了一代人。

——《大胆选拔优秀年轻干部》（《庙堂之高 江湖之远》）

重人才要善于用人之长，容人之短。《战国策》有则“冯谖客孟尝君”的故事。冯谖家很贫穷，孟尝君收留了他。他不知足，食鱼又要车，有车还要为其养老母亲，孟尝君也不责怪他。当孟尝君失意时，那些吃得好、待遇高的食客都跑了。冯谖没有走，还为孟尝君赶车。后来孟尝君又兴盛了，原先的食客又都跑回来了，孟尝君十分讨厌这些人，冯谖却极力劝说孟尝君收留他们。我看这里面就有用人之长、容人之短的道理。

用人如器也很重要。如烟缸是盛烟灰的，拿来喝水或做其他用恐怕就不太合适。工厂里有些人适合跑供销，有些人只能搞技术工作，有些人善于行政管理。因此要量才使用，各展所长。

要注意配备好班子结构，发挥群体作用。刘邦和楚霸王，是大家非常熟悉的历史人物。论武功，刘邦不是楚霸王的对手。但刘邦最终取得了胜利，道理很简单，一是刘邦重视干部结构，二是能发挥群体的作用。我们工厂有些人忠厚老实、勤勤恳恳，上面怎么吩咐他就怎么干。还有的人点子多，具有开拓精神。所以要利用群体优势，把各人所长融为一体，共同把事业办好。

要不拘一格选拔人才。《三国演义》中的刘备三顾茅庐，请来年轻的诸葛亮当军师，很快形成三国鼎立局面。可我们提拔年轻干部，往往会有人讲，他还年轻嘛！诸葛亮年轻当军师，不是干得挺好吗？企业要敢于用人，允许人家去闯，在实践中增长才干。

——《努力搞活国营大中型企业》（《庙堂之高 江湖之远》）

主要领导干部要有容人之量，在用人上广开进贤之路，不能武大郎开店——比自己高的不要。要搞五湖四海，公道正派，决不能搞团团伙伙、亲亲疏疏。

——《着眼教育 健全制度 强化监督 进一步推进党风廉政建设》（《正道直行》）

用人要当。就是一定要选拔任用德才兼备的干部。用好干部是个很重要的问题。古人说，为政之道，要在得人。用人，德是第一位的，但也要有才。有德无才难干成事，有才缺德会干坏事。

——《为政要廉 用人要当 作风要实 办事要公》（《正道直行》）

同志们大都读过《三国演义》或《三国志》，都了解“三顾茅庐”的故事。当时刘备46岁，诸葛亮才26岁，既没当过科长，也没当过处长，更没当过县长、市长，但是刘备认为他是个人才。刘备破格提拔诸葛亮为军师。诸葛亮出山后，便逐渐形成了三国鼎立的局面。所以，人才是创业之本呀！市场竞争越来越激烈，过去是争原材料，现在是争市场，争市场的背后是争人才。

——《书要越读越薄》(《正道直行》)

在扩大干部工作民主的情况下，有的怕得罪人，怕丢选票，不敢抓、不敢管，好人主义盛行，甚至出现了“媚下”的问题。一旦让这种风气成了气候，是非常危险的。有时候那些大家不熟悉的人，得票可能比较集中。这说明，本来是一个很好的办法，时间长了，有些人就琢磨出对策，想钻点空子，慢慢地“抗药性”就大了，好办法可能就不灵了。再比如，常委会研究干部实行票决制，13个常委，10个同意，3个不同意，大家就会分析，究竟是谁投了反对票，时间长了，班子团结就会出现问题。有时民主也是一把双刃剑，使用稍有不慎，就会造成负面影响。

界定不胜任现职的干部，民意是很重要的，但笼统地把有三分之一以上不称职票的，都作为不称职干部，就简单了些。比如，一个单位二十来个人，七八个人不同意，就占了三分之一。如果违反规定乱发钱物，可能多数人高兴，有一个坚持原则不同意，得罪了多数，要论票数的话，他反而是不称职的。说这话的意思是，要看票数，但不能唯票而论，要多做具体分析，究竟是什么原因得了这么多不称职票，如果是坚持原则得罪了人，政绩、工作能力都不错，这样的人还是要重用的。

——《深化干部制度改革的几点意见》(《民贵泰山》)

诸葛亮 26 岁时，刘备“三顾茅庐”于南阳隆中，问诸葛亮以天下统一大计。

## 求贤 举贤 纳贤

纵观历代王朝兴衰，虽然各自情况不同，但是，用人路线正确与否，则是重要原因之一。凡思励精图治之君，无不是思贤若渴；凡昌明兴盛之时，无不是人才济济。广开纳贤之门，实为立国之要，安邦之略。早在公元前 594 年，我们祖先就开始使用“才能”一词，并主张“士以才能进取，君以考功授官”。《论语 · 子路》中记载了孔子关于“举贤才”的思想。宋代杰出政治家王安石在《上仁宗皇帝言事》中深刻阐述了人才救国思想，认为“方今之急，在于人才而已”。明朝开国皇帝朱元璋更是说得清楚明白：“贤才，国之宝也。”

当今时代，我中华民族欲复兴腾飞，成为世界历史性民族，更应该大举贤才，使亿万精英若八仙过海各显神通。怎奈千里马常有，而伯乐不常有，因而，黄钟毁弃、瓦釜雷鸣之事，史非罕闻。然今日之中国，人民做主，群英荟萃，再若埋没人才，实在于理不通。为使人才竞选之路畅通无阻，应人人效法伯乐，使得纳贤者尊贵，荐贤者光荣，抑贤者耻辱，毁贤者罪恶。

人才的关键在于用。孟尝君养士数千，以求用也。养士而不能用，何异于不养？作者谙熟中国传统思想对于人才的理解，而作者在改革开放新时期数十年领导工作岗位上的丰富用人阅历，使其关于人才的理念和思想更为鲜活和系统，更有实践的适用性和穿透力。其中，特别令编者感佩的是：其一，不拘一格用人才。无论是“排资论辈”，还是“一刀切”，无论是看学历文凭，还是求全责备，都是真正人才脱颖而出的阻碍。作者对于现实生活中这种因为各种原因而使得人才不为所用的现状有着深刻的了解，所以提到人才问题时都突出不拘一格选拔人才的问题，特别是频频提到诸葛亮初出茅庐时才20多岁，可是受到刘备重用的故事。在当今中国，这一点更是一个值得引起我们关注和深思的问题。其二，“重人才要善于用人之长，容人之短”。拉丁语世界有谚语说：只要是人，就一定会犯错误。容人之短别有深意：人生而有涯，而知也无涯，我们每个人都是有限的，没有一个人能够真正做到“一事不知，以为深耻”；这也是对于人的基本的尊重，在此基础之上，人与人之间才能建立起信任，互协互助。其三，重用德才兼备之士。容人之短，决不是要放松对人才的道德要求。曹操曾经为了征求人才强调“唯才是举”，而不管这些人是杀人越货之辈，还是鸡鸣狗盗之流。这一度受到很多人的推崇。作者则强调，选拔人才，应选拔德才兼备的人才，指出：“有德无才难干成事，有才缺德会干坏事。”

## 特别链接：旧闻忆事

### 凭我个人的才能，挑不起市长这副担子

**来源：1985年6月25日《人民日报》**

武汉市长吴官正刚刚上任,就曾引起三镇一些人的震惊,随之而来的上访、疑虑……“怎么会轮到他当市长？”言外之意,他的资历不胜任市长这个角色。新市长上任，就被人指指戳戳。一块块疑云，从积极方面看，说明群众希望有位“信得过”的市长出任组阁。

出乎意外，吴官正竟承认自己不行。

吴市长多次在大庭广众之下说：“这么大的武汉市，凭我个人的聪明、才能,远远不能挑起市长这副担子。”他敢于面对现实,讲真话。因为据科学计算,一架喷气式飞机设计参数为10万个，洲际火箭的可变参数为100万个，而城市问题可变参数却高达1亿个!

1983年3月，刚刚到职的吴市长既未“新官上任烧三把火”，也未初来乍到踢“头三脚”，而是游说学府，登门求贤。50天过去了，一个高水平的“智囊团”——市政府咨询委员会正式成立了。32名咨询委员，有副教授、高级工程师以上职称的就占29名，咨委会下设工业、交通、农业、科教、财贸等8个专业咨询组，86名成员，几乎包括了社会学科和自然学科的各大门类。

“智囊团”开张大吉，市直机关却舆论四起：

“刚上台，就闹起花架子。”

“有本事，自己干，拉专家、教授吓唬谁呀？”

的确,当官的“求教于人”,在我国一些人的心目中可以与“没本事”画等号,再说,基层干部对某些领导的“老三招”也摸透了:对上,伸手大讲困难;对下,搞命令主义；当这两招都失灵，就玩起第三招形式主义和花架子。

“市长大人背后站那么一大排书生，你说这架子花不花？”这说明干部和群众深恶“花架子”。吴官正心里清楚，现代城市错综复杂，行情瞬息万变。

市长不可能是通才，而遇事又要及时作出正确的决策，充分运用科学家、专家的专长和智慧，以缩短领导职责与个人能力之间的差距，实属必要。专家、学者是研究趋势和方向的。这，不能与“花架子”同日而语。

“市委真是如此重视专家的作用？还不是把他们当作无柄的暖壶，用时抱在怀里，不用就扔在床底。”

“历任市长都没有这任市长刁。把专家推到前面，说话当然灵。”

搞改革,每前进一步,总要遭人非议的。吴官正并不回避。他说,运用“智囊团”，我们是刚刚开始。

## “物华天宝”要开发，“人杰地灵”要重才

**来源：2010年南昌《民贵泰山》读书交流会上一位同志的发言**

吴官正同志多次说，江西“物华天宝”要开发，“人杰地灵”要重才。任江西省长伊始，就在前任省长赵增益工作的基础上，成立由近百名专家、学者和省政府部门学有专长的机关负责工作人员组成的“江西省人民政府决策咨询委员会”。

对使用年轻干部，吴官正同志要求德才兼备，但不求全责备。我目睹他在县（市）作调查研究时，发现一些年轻干部政绩明显，思路清晰，便建议省委很快就提拔到关键领导岗位。省政府办公厅有个年轻的一般干部，是北京大学毕业生，有一定工作能力，也有些毛病，在机关干部中造成不良影响，很多人不同意提拔他，但吴官正同志采取要他认识和纠正错误，使之不背思想包袱，努力工作的做法，把他用在处级的领导岗位上。

吴官正同志很关心一般干部。省政府办公厅有个处级干部随他下乡时胃病发作，他仔细询问病情，并将随身携带的治疗药品给这个干部服用，叮嘱这个干部回南昌后去医院把病治好。这个干部根据他的指点，回南昌后在医院经医治，吃了半年他推荐吃的药，最终根治了胃病，后来在厅级岗位上退休，健康地为政府工作了多年。

## “外脑说”和“三不决策”

**来源：1989年《瞭望周刊》第29期**

从前，江西省许多决策的出台，主要靠领导人的经验、眼光和才智，即“脑袋一拍，计上心来”，盲目性、随意性很大，缺乏科学依据。省长吴官正在总结了以往的经验以后，提出了一个“外脑说”，即要想最大限度地减少决策失误，仅凭领导者个人的眼力、经验和才智是远远不够的，必须借助于“外脑”。这个“外脑”，既包括专家、学者和老干部，也包括广大群众，把他们的聪明才智调动起来为省政府决策服务。在这一思想指导下，1986年12月，江西省政府成立了由各方面专家、学者和实际工作者组成的省政府决策咨询委员会。其后，江西省决策科学化的“金字塔”不断完善。目前，它已是一个具备三层结构进行科学决策的智力群体。第一层是“固定层”——省政府决策咨询委员会。接下来的第二层智力群体属于“灵活层”，即省长吴官正、副省长蒋祝平等省政府主要领导结交了一批诤友。他们大都是有一定理论水平和实践经验的有识之士，可以随时向领导同志进言，省政府主要领导也可随时请他们来，向他们求教，与他们深入地探讨一些问题。第三层是“扩散层”。即以江西省社会科学学会联合会为联系纽带，以振兴江西的“隆中对”为主题的群众献计献策活动。全省580多名当今“诸葛亮”为省长求贤若渴的精神所感动，一年多时间奉献出新“隆中对”527篇。

现在，江西省政府有一个不成文的“三不决策”制度，凡关系到全局的重大问题，不经过调查研究不决策，不经过专家咨询论证不决策，没有两个以上的比较方案不决策。1986年底以来，江西省政府作出的几项重大决策，都是经过反复咨询论证后出台的。

## 学习　知识　德性

◎书要越读越薄，而不能越读越厚，越读越厚地读没有用，杂乱无章地读也没有用。

◎我深感知识的不足，因此，除了下去调查，在家时只要有可能我每天都要看上两小时的书，不学习怎么行？

◎学习不是没时间，而是不重视。有的把很多时间用在跳舞、打牌、钓鱼或者串门子、跑关系上，「以其昏昏，使人昭昭」。这样下去是没有资格当领导的。

我每天都坚持抽点时间读书，科学、文艺、历史等书都看，但还感到知识不够。书是智慧的宝库，学而后知不足。书是越读越薄的，厚积才能薄发。世界是无限的，知识是无限的，而人生又是有限的。我们应该抓紧时间多读点书，使自己的知识尽量广博一些。千万不要浅尝辄止，满足现状。须知凡是感到自己知识不足的人才会有进步。

政研工作要做好，必须坚持经常深入实际进行调查研究。不仅要“身入”，而且要“心入”；不仅要“心入”，而且要“神入”。深入实际、深入基层调查研究，也是一个向基层学习、向群众学习的过程。

——《做好政研工作必须加强学习》（《庙堂之高 江湖之远》）

学习不是没时间，而是不重视。有的把很多时间用在跳舞、打牌、钓鱼或者串门子、跑关系上，“以其昏昏，使人昭昭”。这样下去是没有资格当领导的。

——《处理好改革和发展中的问题》（《庙堂之高 江湖之远》）

知识无止境，我深感知识的不足，因此，除了下去调查，在家时只要有可能我每天都要看上两小时的书，不学习怎么行？

——《要十分重视党的建设》（《庙堂之高 江湖之远》）

学习是充实自己、提高自己的有效途径。书应当越读越薄，最后得其精髓。毛主席读书就别出心裁，对《红楼梦》、《红与黑》的评价与众不同。有些书影响了人类历史的进程。如《进化论》、《遗传学》、《资本论》等值得多读，恩格斯的《自然辩证法》也是一部很重要的著作。

——**《党和人民的利益高于一切》（《庙堂之高 江湖之远》）**

学习，必须要有刻苦认真的精神，善于“钻”和“挤”：钻进去学深学透，不能浅尝辄止、不求甚解；挤出时间学，不能以工作忙为借口，把学习放到可有可无的位置。

——**《用知识丰富学养》（《民贵泰山》）**

加强学习不能囫囵吞枣，照抄人家的，一定要变成自己的。我理解，书要越读越薄，而不能越读越厚，越读越厚地读没有用，杂乱无章地读也没有用。有些同志喜欢做点笔记，搞点卡片，这是必要的，但是关键的问题是要自己消化。

——**《书要越读越薄》（《正道直行》）**

加强学习,是筑牢思想道德防线的根本。领导干部勤于学习,勤于思考，不仅可以开阔眼界，增长见识，也有助于陶冶情操，提高思想境界和道德修养。境界上去了，修养加强了，对个人的名誉、地位、利益等问题就会看得透、想得开，淡泊明志，就不会斤斤计较个人得失。

**——《着眼教育 健全制度 强化监督 进一步推进党风廉政建设》(《正道直行》)**

論語卷上

學而第一

子曰學而時習之不亦説乎

荀子卷第一

勸學篇第一

君子曰學不可以已

《论语》开篇语“学而时习之，不亦乐乎”，《荀子》开篇语“学不可以已”，两句话有着深刻的一致性。

## 学习 知识 德性

什么是学习？学习的目的是什么？学习和人的关系是什么样的？这些都是我们面对学习时所要追问的最重要的问题。

固然，在信息爆炸、“知识改变命运”的时代，学习不能和知识脱钩。一个对于现代科学包括自然科学、社会科学和人文科学一无所知的人，必将成为时代的弃儿。但是，学习的意义不仅于此，学习本质上和我们人之为人相关。

《论语》一开篇记载的孔夫子的话是：“学而时习之，不亦乐乎！”同样，以孔子继承人自居的荀子在其所著《荀子》一书中开门见山也是说：“学不可以已。”这两句话有着深刻的一致性。孔子说的“时习”是“时时温习、不知老之将至”的意思，“学不可以已”虽然措辞不同，而实质上意思与之没有什么区别，也是要说明人与学之间的必然的、本质的关系。

作者所说的“学习是充实自己、提高自己的有效途径”“加强学习，是筑牢思想道德防线的根本”这些话，也体现了这种精神蕴涵：学习的目的是充实自己、提高自己，学习不仅和知识相关，更为深刻的是，学习关系着我们人之为人的根本：道德。“加强学习”尤其关系到“时习”、“学不可以已”的根本原因。人的德性不是一个曾经获得就永远拥有的东西，这是人之为人奇妙而深刻的道理之一。曾经是义薄青天的革命志士汪精卫后来蜕化成了汉奸，曾经历经腥风血雨而屡建奇功的刘青山、张子善在糖衣炮弹面前败下阵来……，无数事例昭示我们一个深刻的道理：人要保持住德性，就必须不断地学习，“学而时习之”；学习的中断，对于自己生命的反省的中断，有可能导致德性的疏离。

知识的学习是累积性的，而且知识的增多同时意味着我们无知的范围也在扩大。爱因斯坦曾经以圆为例，说明知识和无知的辩证法。但是知识学习的目的不是为了证明我们自己无知，而是为了解决我们在生活当中碰到的问题以及追求真理本身。德性学习的方式和目的与此完全不同。德性不能累积，虽然德性和知识一样，永远没有一个明确的终结点，但是人的生命可以企及某种境界：“高山仰止，景行行止”。我们可以无止境地充实和提高自己。

作者说：“领导干部勤于学习，勤于思考，不仅可以开阔眼界，增长见识，也有助于陶冶情操，提高思想境界和道德修养。”这里包含着“尊德性”和“道问学”的辩证法：道问学是尊德性的途径，尊德性是道问学的根本、根基和目标。没有尊德性的道问学，就成了“以有涯之生追逐无涯之知”，学习没有了方向和目标；没有道问学，德性无从生成，就会产生作者所说的“缺乏责任感和紧迫感”，就会置天下百姓的幸福于不顾。

领导干部是“将将者”，对于他们来说，具体科学知识的学习，学习成为一个专家，不是他们的本分。他们的学习是最能体现为人的根本道理的。人的全面发展不是指每个人都成为无所不知的人，恰恰相反，在知识分工日益细密的现时代，没有人能够做到“一事不知，以为深耻”，而且也没有必要做到这一点。支撑着人性根本的是德性。领导者的德性是一切事务中最为重要的东西。为政者的德性如风，天下苍生似草，“草上之风，必偃”。

伟大的民族必然是具有伟大德性的民族，而伟大德性的生成必然通过“学而时习之”。而在某种程度上，为政者的不断学习、培养德性，是伟大民族德性的前提。

## 特别链接：旧闻忆事

### 身不离书

**来源：2010 年南昌《民贵泰山》读书交流会上一位同志的发言**

官正同志每天早上 4 点钟左右就醒了，然后看书到天亮，几十年都是这样过来的。他身不离书，下乡也坚持看书。他经常对省级单位领导和机关干部说，一个人一生的过程就是学习的过程，看书是学习是积累知识。

官正同志阅读很快，博览群书。他学的知识包括自然科学、社会科学、领导科学，包括古今中外书籍。他在一些化工厂调查时，常会写出一些化学分子式给大家看。他经常要大家看《史记》，推荐大家看洪迈的著作。他喜读诗文。在会议前他常会写些古今名诗名句递给在场的人看。有一次他写了一首古诗一阙古词给办公厅一个厅级干部看，这个干部是学文学专业出身的，但一时忘记了诗作者，顿生窘态。事后这个干部赶紧去查阅资料并加强了对各有关知识学习。这个干部曾对人说，自此之后，我每天花很多时间用在学习党的理论与政策上，也使我工作起来倍感自信。还有一次我们随同他乘火车去北京开会，当时宣永光的《妄谈·疯话》刚刚再次出版，在聊天时，有位同志说起此书，以为这样的闲书他不一定看过，可是官正同志却能把书中不少的内容说出来。由此可见，他读书的量有多大。

官正同志讲话中，历史人物、警句名言，信手拈来，对经济、政治、文化建设的一些前瞻性思考，无不反映了他读书多，读书活，刻苦学习，学以致用的精神。我记得 2007 年 3 月全国“两会”期间，官正同志与全国人大江西代表团的同志见面，他即席讲话，历数江西的优良传统，提到了 45 位历史人物，引用了 14 句名人名言，未带片纸，娓娓道来，运用自如，其知识之渊博，从中可见一斑。

篇二

# 选文浅议

篇二 选文浅议

## 尚真唯实：文风、党风与民风

古人有“采风”之说，借民歌、民谣以观天下之风俗。“文起八代之衰”的韩愈，则借扭转文风而使中国文化进入了一个新的历史阶段。延安整风时，毛泽东最著名的报告题目是《反对党八股》和《改造我们的学习》，就是把党风和文风连在一起说。同样，在作者看来，文风一定程度上就是党风，就是民风：它既是党风和民风的反映，也会对一定的党风和民风的形成产生影响。作者反对文牍主义，反对新闻报道中的很多不良风气，都既是对于文风的批评，也是对于党风和民风的关注。作者特别谈到：“因特网上有些话就非常精彩，一针见血、入木三分。为什么能写得这么好？主要是有真情实感。真心话往往有力量，容易被人记住。”在此，作者对于那些有着真情实感的精彩话语大加赞美和推崇。

尚真唯实，崇尚真理真言，唯求实事求是，是作者始终如一、一以贯之的工作作风和思想作风。在《不搞攀比》中，作者谈到：“一定要从本地

實事求是

实际出发，坚持实事求是，做到三个不攀比，即：不攀比优惠政策，不攀比发展速度，不攀比发钱发物，始终把精力放到调整结构、提高效益上”。在《老老实实做人 踏踏实实做事》中，作者谈到：“有人想靠作假、吹牛、搞假政绩骗得领导的喜欢，得到提拔，如果得逞，那就是吏治的腐败，这是很危险的。”在《报道中请少写赞扬领导的话》中，作者谈到：“省委领导同志的讲话，从我开始，不要讲‘重要讲话’，把‘重要’两字去掉，讲话那么多，哪有那么多‘重要’啊！”这些平实的话语，体现出作者朴实唯实、注重真情实感的个人思想与言行风格。

在作者看来，党员领导干部坚持实事求是思想路线的一个重要体现，是要敢于、乐于进行自我批评。确实，执政者如果不能实事求是，明确意识到事物的本性和自己的界限，就很可能会盲目运用权力；而掌握权力者如果能够时时“内自讼”，能够“日三省吾身”，能够不为外在的阿谀奉承和弄虚作假所迷惑、所欺骗，那么他对于自己行使权力的能力也就有着足够清醒的意识，在运用权力时就会深思熟虑、深谋远虑，才能在诸多事情上保持沉着、冷静、克制和自我批判的眼光。在《满招损 谦受益》中，作者谈到："人贵有自知之明。缺乏自知之明，就会飘飘然、翘尾巴，最后必然栽跟头。"又说："要明白'人走茶凉'的道理。我认为，还是人走茶凉好。"这些朴实的话语，感动了众多读者和网友，激起了他们强烈的情感共鸣，体现出一个党的高级领导干部一种可贵的历史清醒，一种胸怀和觉悟。

# 要注意改进文风

2006年2月2日,这是根据吴官正同志考察天津市期间与随行工作人员的谈话整理而成。

上午在杨柳青博物馆看了刘青山、张子善案件的陈列展后,我写了几个字:“靡不有初,鲜克有终。”这句话出自《诗经·大雅》,字不多,但很精辟。刘青山、张子善从小参加革命,出生入死,曾经是很好的干部,但后来走上了犯罪的道路。很多犯错误的干部,一开始都不错,但没有做到善始善终。

讲话要短,该讲的讲,不该讲的不要讲。不一定都在大标题下罗列小标题。春节期间我读了几本书,感到文章的好坏不在长短。许多名著都是由好的短篇组成的,如司马迁的《史记》、司马光的《资治通鉴》,里面许多文章都是很短、很有条理的。毛主席的文章大多不长,“老三篇”都很短,写得多好啊!我离开武汉时,讲了两分钟;离开江西时,讲了约700字。有权有势的时候,别人也会为你的讲话鼓掌,有真心的,也有不真心的。有些话他们听了,表面上吹捧一番,实际上是讥讽。一定要头脑清醒。

现在文牍主义确实比较严重。开会许多发言都是套话多,还有些是空话、大话、假话,真正有用的话不多。过去人们经常讲“开口三七开,闭口紧跟走”,成了套路。现在不少讲话一般都要讲意义、讲经验、讲指导思想,这都是“秀才”们编的,抄来抄去。其实,领导同志应该主要讲观点,讲要求,讲怎么干。因特网上有些话就非常精彩,一针见血、入木三分。为什么能写得这么好?主要是有真情实感。真心话往往有力量,容易被人记住。我理解,《三国演义》主要讲“忠”,《水浒传》主要讲“义”,《红楼梦》主要讲“情”,《西游记》主要讲“诚”。这恐怕是四大名著比较核心的思想内容,也是其能够广为流传、久看不厌的一个重要因素吧。

我们的党风、文风还要进一步端正。“左”的东西要克服,株连不能搞。连自己都做不到的,就不能要求人家去做。现在的问题是我们有些制度和规定不切实际。比如,要求领导干部管好亲属是很难做到的,硬要这样规定就是搞株连,就是讲大话,因为有些亲属的事他根本管不了,讲严格要求家属是可以做到的。去年我们搞了五条，规定领导干部不得违反规定收钱送钱，跑官要官，包庇、纵容和支持配偶、子女和身边工作人员利用职权谋取不正当利益，利用婚丧嫁娶等事宜收钱敛财，参加赌博等。这些规定干部能做到，也好操作。制定规定自己一定要做得到，自己做不到的就不要搞。

希望你们写东西要尽量少讲或不讲套话、大话、空话，实话、管用的话尽量多说一些。

我们讲话写文章，一是要实事求是；二是要少说套话、空话、大话，尽量写一点为老百姓说的话；三是决不要讲假话。

## 不搞攀比

1996年2月，这是吴官正同志发表在《求是》杂志上的文章《着眼全国一盘棋》的一部分。

在发展社会主义市场经济的过程中，在地区经济普遍发展的基础上，由于多种因素，地区之间经济发展差距有所扩大。这既是客观存在的现象，也是在地方特别是经济不算发达地方工作的干部需要正确处理的一个问题。邓小平同志在《中央要有权威》一文中对此作了明确的阐述。他说："沿海地区要加快对外开放，使这个拥有两亿人口的广大地带较快地先发展起来，从而带动内地更好地发展，这是一个事关大局的问题。内地要顾全这个大局。"顾全这个大局，我体会就要实事求是，不搞攀比，维护和服从中央的宏观经济政策。中国地域广阔，自然条件各异，原有的基础不同，决定了经济发展必然有快有慢，在共同富裕的过程中，必然有先有后。如果不顾客观条件，一味攀比，就势必从本位出发，不顾国家总体布局，盲目争资金、上项目、铺摊子，弱化中央宏观控制的力度，影响经济建设的全局。这就不仅是一个经济问题，而是一个听不听中央招呼，认真不认真执行中央决策的政治问题。因此，我们始终要求各级干部在经济决策和工作指导上，一定要从本地实际出发，坚持实事求是，做到三个不攀比，即：不攀比优惠政策，不攀比发展速度，不攀比发钱发物，始终把精力放到调整结构、提高效益上，使中央关于经济建设的一系列重要决策和指示得到有效的贯彻落实，促进我省国民经济健康发展。

## 满招损　谦受益

1995 年 10 月，这是根据吴官正同志在江西省委常委会上的发言以及分别与省委有关领导和省委办公厅负责同志的两次谈话整理而成的文章的一部分。

毛主席说，“虚心使人进步，骄傲使人落后”。古人也说过，“满招损，谦受益”。这些都是千真万确的真理。人贵有自知之明。缺乏自知之明，就会飘飘然、翘尾巴，最后必然栽跟头。“峣峣者易折，皦皦者易污”，“盛名之下，其实难副”。当然，我们算不上皦皦者、峣峣者，但在赞扬声中，牢记这些古训有好处。历史和现实告诉我们，有的人走得过烽火硝烟，走得过艰难坎坷，却走不出赞扬和荣誉。这是一种更令人惋惜和遗憾的悲剧，我们必须高度警觉。思虑再三，我觉得当前有必要向各级领导吹吹风：在成绩面前和赞扬声中，一定要保持清醒头脑，谦虚谨慎，戒骄戒躁；一定要以更加扎实的工作，搞好江西这个局部，更有力地支持全国的大局。

保持清醒头脑，重要的是要清醒地认识我们存在的差距。差距同我们取得的成绩一样，是客观存在的。我们不能不看到成绩、看到进步，否则就会丧失信心；我们也不能不看到差距，看到不足，否则就容易滋生骄满情绪，甚至忘乎所以。中央领导同志经常讲，要提倡辩证法，坚持两点论。我理解，至少有两层意思：一是要全面地看问题，成绩与问题、进步与不足都要看到。二是要辩证地看问题，在困难多、工作不那么顺手的时候，可以多讲一点取得的进步和有利条件，以利于鼓舞士气，坚定信心；当取得一定成绩的时候，则要多看到差距和不足，这样才能保持头脑清醒，戒骄戒满，继续前进。

保持清醒头脑，不仅要正确认识自己，而且要看到人家的长处，看到全国各地你追我赶激烈竞争的逼人态势。“山外有山，楼外有楼”，我们切不可坐井观天，更不要不知天高地厚。如果有上级机关的同志来我省检查指导工作，有兄弟省市的同志来我省考察，我们务必谦虚谨慎。介绍情况要实事求是，讲究分寸，少做一些形象化的概括，多介绍一些具体情况，少摆一些成绩，多比比自己的短处，少谈一点我们如何如何，多向人家虚心求教。绝不允许说假话，说大话。

保持清醒的头脑，最终要体现在行动上。自找差距，自我加压，目的在于进一步振奋精神，奋发向上，继续不声不响地埋头苦干，静悄悄地加紧追赶。还是要坚持这些年来的基本做法：一是不取巧，不搞“上有政策，下有对策”。在政治上同中央保持高度一致，坚决维护中央的权威，确保政令畅通。要坚信，坚决贯彻中央的指示，最终不但不会吃亏，而且会路子越走越宽，工作越干越主动。二是不刮风，不攀比。坚持从本地实际出发，既尽力而为，又量力而行；既注意外面的动向，又不乱我们的方略；既虚心学习人家的长处，又注意创自己的特色。三是不叫苦，不伸手。既要继续努力争取中央有关部门的大力支持，并更多地利用外资，更要立足自力更生，艰苦创业，不管困难多大，坚持咬紧牙关负重前行。努力搞好局部，支持全局。我想，坚持这样做下去，江西是大有希望的。

## 老老实实做人　踏踏实实做事

1997年12月16日，这是吴官正同志在山东省委办公厅综合一室党支部生活会上的发言。

参加今天的支部生活会，向支部检讨一下思想，谈点体会。

有三件事我向同志们说说。一是有些地方弄虚作假，扰乱百姓，欺骗上级，我察觉后没有及时指出来，应负责任。比如有家工厂，我算账应该是亏损的，他们汇报说赚了300万，后来有人给我写信，说你受骗了。到某地检查抗旱工作，田间地头好多打井的，一看就知道是有意安排的。有的地方为了让我看到种小麦的场面，玉米还没有成熟就让老百姓砍掉。有个地方安排我到一个山上去看，天下着雨，安排好多小孩打拳，孩子冻得直打战。一个地方要我看农业开发，天很冷，让一些老百姓下到塘里拉鱼给我看，明显是搞假动作。有一个村，本来是茅草房，为了让我去看，乡里每户补助430元，两天时间就盖上了瓦。以上说的这些现象，其他地方可能还会有。我看到这样一些弄虚作假的问题，心里很难过，但为了顾及一些干部的“面子”，怕“伤”一些同志，有时装糊涂，没有及时严肃指出来，对不起那里的群众。如果下面出现一两个这样的问题，可以严肃地批评下面，现在的问题是不止一两个，那就应该从上面找原因，根子在省里，主要在我。前些日子，我就这个问题给支部写了个检查，目的是引起各级领导的注意，再也不能搞那种作假、扰民、欺骗上级的蠢事了。如再发现这种情况，一定要严肃查处。

二是有些同志很喜欢吹，吹得很厉害，但水平又实在不高。你在那里吹，大家不了解实情，有时可能会相信，这叫“吹牛”。事情明明摆在那里，大家都看得清清楚楚，你照样吹，吹得没有常识，吹得不是名堂，有的吹得叫你不骂他一顿就觉得很难受，这是很蠢的，我把它叫做“吹猪”。但考虑到我来山东时间不长，也就忍了，没有严肃批评。在这个问题上，我也有责任。有人想靠作假、吹牛、搞假政绩骗得领导的喜欢，得到提拔，如果得逞，那就是吏治的腐败，这是很危险的。从严治党，要从省委开始，首先从我开始。

三是我们天天讲全心全意为人民服务，但有些事没做好，心里很惭愧。有一个县今年4月打死一名18岁的男孩，4个凶手放了3个，只关了一个14岁的，人家不服，凑钱买了冰柜，把尸体冷冻起来不火化，六七个月问题没有解决，影响很坏，后来省政法委派人去，才把凶手全部抓到。还有一个地方，去年打死一个人，我前段去时，死者亲属向我告状，当地的同志保证马上处理，但最近我又去那里，这件事还没有处理好。看到这些情况，我感到很惭愧。司法黑暗是最大的黑暗。有些人不是为人民服务，而是人民为他服务。为人民服务这个词说说很容易，天天喊也不难，但真正做起来就难了。因此，作为领导干部，无论什么时候都一定要保持清醒的头脑，注意世界观的改造，像周总理那样，活到老、学到老、改造到老。我要带头改造，你们青年人更要注意世界观的改造。明嘉靖三年，河北有个知县叫郭允礼，他题了一块碑，“吏不畏吾严而畏吾廉，民不服吾能而服吾公”，“公生明，廉生威”，当干部的，一要公道，二要廉洁，这是最起码的要求。

再谈几点体会。

一、要夹着尾巴做人。我们就像猴子，都有一条尾巴。平时蹲在地上的时候，尾巴不容易被看到、抓到，爬到树上，尾巴就露出来了。所以，要夹着尾巴做人。人贵有自知之明。我也有许多缺点、错误。现在人家说你好，不算好，等死后三四十年，甚至更长时间，人家说你正确，那才是正确。历史不是写出来的，是干出来的，老百姓心里有杆秤，这才是衡量正确与否的标准。

二、要明白“人走茶凉”的道理。我认为，还是人走茶凉好。有的人希望家里总是门庭若市，这是不可能的。人走茶非凉不可，不然就会馊。你在一个地方当什么书记，当什么长，人家来请示工作，求你办事，你走了，这些情况就不存在了，还会门庭若市吗？我离开江西之前，给家属子女提了三条要求，一是不要管闲事，不要听闲话；二是要学会过老百姓的日子；三是不找领导，不提要求。

三、要学习“鼻子”精神，只求奉献，不求索取。人长有两只眼睛、两只耳朵、一个嘴巴，就是要你多看、多听、少说。但眼睛有时会看错事、看错人，耳朵有时会偏听偏信，嘴巴容易说错话。甚至为了好看，有人还割个双眼皮、挂上耳环、涂层口红。相比之下，鼻子的优点就很多，一是有同情心，眼睛流泪，它跟着流鼻涕；二是很勇敢，人一旦伤风感冒，它先打喷嚏、发信号；三是顺其自然，不求粉饰；四是很讲团结，两孔沟通，互相配合；五是很开朗，什么气味都能吸进去，也能呼出来。一个人做官是暂时的，做人是一辈子的事。我们要向鼻子学习，对人民富有同情心；遇到不正确的东西，敢于做出反应；多做贡献，不求索取；团结一心干工作，不搞无原则的磕磕碰碰；大肚能容，不要小肚鸡肠。

四、我们大家都去过佛教寺庙，寺庙中各位神佛的位置安排是很有学问的。一进大门，两边有四大金刚，即风调雨顺，各司其职。中间是弥勒佛，笑口常开，很讲团结。弥勒佛后面立着横眉怒目的韦陀，他刚正不阿，扶正祛邪，与弥勒佛形成相互补充的关系。走进大雄宝殿，正中间立着佛祖释迦牟尼，两边站着佛祖的两弟子，一个记忆力好，把佛祖布道讲法说的话都记在心里；另一个文字组织能力强，把佛祖的话整理成文字，形成了佛教经典。因为他俩对佛教的贡献大，所以放在佛祖两边，十八罗汉也没有攀比的。世界上凡是存在的东西都是有原因的。从寺庙中神佛的位置排列，我们可以联想到其他一些问题，对我们的工作也会产生一些启发。比如班子的配备，起码应该注意这样几条，一是结构要合理，二是人尽其才，三是"论功行赏"。

# 报道中请少写赞扬领导的话

2000年1月26日，这是吴官正同志到山东省大众日报社考察时讲话的一部分。

我提几点建议：一是省委领导同志的讲话，从我开始，不要讲"重要讲话"，把"重要"两字去掉，讲话那么多，哪有那么多"重要"啊！二是涉及我的稿子，你们觉得不合适的尽管改，不用告诉我，发多发少，你们定，你们可以删，但不要加。三是在报道里面对我赞扬的话无论如何不要写，什么"轻车简从"、"冒着寒风……"，全部删了去。我们在地方工作本来就应该这样。你们的报纸一定要体现党的优良作风，要反映民意。有的领导如果要报道，你们和他讲明白，这是帮倒忙，不能搞。报道领导活动，说明哪天到哪里去了，讲了什么话就可以了，新闻是不是应该这样？

还有一个问题，就是你们报道一些典型，特别是涉及数据，千万要注意核实，防止数据不实，一些重要的数据要跟统计局打个招呼。再就是涉及领导干部的报道，要由其上级党组织过目、把关。比如，报道一个县委书记，一定要通过市里把关；报道市里哪个领导，要通过省里。

# 查办案件不能下指标、搞比例

2004年1月11日，这是吴官正同志在中央纪委第三次全体会议第一次大会上讲话的一部分。

在我们系统中有没有违背求真务实的问题？如果没有更好，如果有就要坚决改正。这里我想强调几个问题。

一是在办案工作中一定要实事求是。违纪违法案件有多少就查多少，不能下指标，这要作为一条纪律规定下来。如果下指标，就违背了实事求是的原则。这在我们党的历史上有过沉痛的教训，我们要认真吸取。

二是统计案件数据不要盲目地与上年的数字进行对比。造成案件上升或下降的原因是多方面的。有的地方案件上升了，可能是加大了办案工作的力度；有的地方案件下降了，也不一定是办案工作力度减弱了。查案数量有的年份上升，有的年份下降，这是正常的。如果案件年年都上升，是不是也要在治本抓源头方面找找原因？所以，我们要研究规律性的东西。我讲这个问题是说在办案工作中要实事求是，绝不是说可以放松对违纪违法案件的查处。查办案件的力度只能加强，不能减弱。随着社会主义市场经济体制的完善，随着惩处和预防腐败措施的加强，到一定时候，腐败案件应该是会逐步减少的。当然，像我们这样一个大党，被处分党员的绝对数仍然会是相当大的。

三是要严格区分腐败与一般违纪的界限。我们党是一个有6700万名党员的大党，有51万名县（处）级以上领导干部。现在，全国各级纪检监察机关每年查处违纪违法案件十五六万件。在这些案件中，党员干部受处分的原因是多方面的，有的是因为责任事故受到追究，有的是因为违反计划生育政策受到处分，等等。所以，我们不能把犯一般性错误的同志与腐败分子混在一起。

# 为政要廉　用人要当　作风要实　办事要公

2004 年 1 月 22 日，这是吴官正同志在听取江西省上饶市委、市政府和余干县委、县政府工作汇报时讲话的一部分。

领导干部一定要做到为政要廉、用人要当、作风要实、办事要公。

第一，为政要廉。就是我们当干部的一定要廉洁，严于律己。如果不廉洁，老百姓就不会信任和支持我们。做到廉洁，很重要的是一定要严格要求秘书等身边工作人员，严格要求自己的配偶、子女和亲属，绝不能让他们利用自己的权力和影响“捞油水”。希望各级领导干部特别是主要领导干部不要在家里办公，不要让人家跑到你家里去办事。人家到你家里，送点东西，你不要可能会得罪人。如果要了，他下次还会给你送。这里我不是指一般同志之间的正常人情往来。这些送钱的人，都是有企图的，最终会把你送到班房里去。比如说，他送你 1 万元，就会千方百计利用你的权力和影响捞到 10 万甚至更多的好处，总有一天会露出马脚。他受到查处后，为了自己就会“坦白从宽”，把你收他钱的事交待出来。世界上没有无缘无故的爱，也没有无缘无故的恨。要教育我们的同志提高警惕。还有一点，也给大家提个醒，领导干部一定要注意保持良好的生活作风。从这些年查处的一些领导干部腐败案件来看，他们之所以走上违纪违法的道路，很多都是从生活作风不检点开始的。生活作风绝不是小事。同志们，共产党让我们当这么大的干部，我们还不满意吗？一旦把你的“帽子”拿掉了，你还能干什么？所以，我们一定珍惜手中的权力，按照中央制定的廉洁自律规定，按照“四大纪律八项要求”，以身作则，严于律己，廉洁奉公。

第二，用人要当。就是一定要选拔任用德才兼备的干部。用好干部是个很重要的问题。古人说，为政之道，要在得人。我们不仅要有正确的思想路线和政治路线，而且要有正确的组织路线，关键是要选好用好德才兼备的干部。用人，德是第一位的，但也要有才。有德无才难干成事，有才缺德会干坏事。当然是不是每个人都用得满意，那也不一定，有的不满意，可以调整，但不要发牢骚。人都有五官，我对自己的眼睛是不满意的，因为有两只眼睛，经常看走眼，实际上一只眼睛才看得准，比如射击瞄准，就要“睁一只眼闭一只眼”，木匠吊线也是这样。我的两只耳朵也不怎么样，有时会偏听偏信；我的嘴巴也不怎么样，喜欢骂人。我认为我的鼻子比较好，为什么这么说？第一，它长在脸中间，比较公正；第二，难过的时候，它会发酸，有同情心，所以我总是对老百姓比较同情；第三，它没有什么要求。你看有些女同志，眼睛要割双眼皮，耳朵要挂耳环，嘴巴要涂口红，而鼻子没有什么要求；第四，它不惹是非。耳朵听到有的事会烦，眼睛看到有些事会不满意，嘴巴讲了一些话，自己会后悔。我举这个例子，是想说明，做到用人要当是不容易的。“人身肚里空，眉毛藏臭虫”，哪有这么容易就把人看准呢？看错了人，不能怪别人，只怪自己。有时别人说说好话，自己听得舒服，就觉得这个人不错，其实很可能他根本就不是好人。

第三，作风要实。就是要按照胡锦涛同志的要求，大力弘扬求真务实的精神，不能搞那些弄虚作假的东西，一就是一，二就是二。老老实实做人，勤勤恳恳工作，不搞“花架子”，一心一意为老百姓办实事，做到爱民、为民、富民、安民。我们所做的一切工作，都是为人民服务，要让上饶的老百姓满意、高兴，让余干的老百姓满意、高兴，这样我们的工作才算做好了。不要做让老百姓不满意、不高兴的事。有些事确实要做，但老百姓一时想不通的，也要向老百姓讲清楚。有权不一定有理。有些人当了干部就飞扬跋扈，老百姓很反感。俗话说，富贵不过三代，权势也难过三代。钱多了、权大了，容易腐蚀子孙后代。浙江有个“红顶商人”叫胡雪岩，富可敌国，左宗棠攻打新疆，就是他出的钱，但他由于经营不当，不到几年就垮掉了。唐太宗李世民治国有方，但教子无术。因为权势太大，几个儿子没有一个有用的。一个国家、一个民族、一个家庭，都是有兴衰的。我讲这些，是要说明，我们一定要善待老百姓，对找上门来的困难群众，要有同情心。如果有人给领导干部送钱，一定要想一想，我们生活又不困难，为什么要给我们送钱？还有那么多困难群众，为什么不给他们送？这样的人是必有所求。说老实话，我是一个过惯了苦日子的人，对老百姓有感情。我们对老百姓一定要实、要真。我们的“帽子”是共产党给的，我们脚下这块土地是老祖宗留下来的。现在党的政策好,“海阔凭鱼跃,天高任鸟飞”，我们一定要为老百姓办实事。

第四，办事要公。就是一定要公道正派。领导干部，即使有很大的本事，老百姓也不一定服你，但如果办事公道、不徇私情，老百姓就会拥护你。今年的反腐倡廉工作，既要严厉惩治腐败，又要有效预防腐败；既要查处违纪违法的领导干部，又要切实纠正侵害群众利益的不正之风。现在有的干部办事不公、吃拿卡要、刁难群众，这样搞老百姓很反感。有人说，老百姓最怕什么？一是怕房子着火，把家里的东西都烧光了；二是怕生病，有的人家里经济很困难，看不起病；三是怕没钱又碰到办事不公的干部。这个说法是有道理的。办事不公，很容易引起老百姓的不满，甚至会引发一些群体性事件，影响社会稳定。所以，我们一定要要求各级干部善待老百姓，要牢记党的宗旨，坚持和发扬亲民务实的作风，公道正派地把老百姓的事情办好。

## 特别链接：旧闻忆事

### 不打招呼，独自调查

**来源：2010 年南昌《民贵泰山》读书交流会上一位同志的发言**

官正同志从来不满足于听汇报，总是深入实际，亲自调查研究。为了解真实情况，他经常只带身边工作人员，不打招呼，独自下去考察。前不久原山东省一位领导同志给我讲过一个事情。1997 年他在济南当市长，一天晚上突然接到企业报告，说吴官正书记到了某纺织厂，等他赶去时，官正同志已经在车间与干部工人聊天，了解企业生产和工人生活情况。市长去后，官正同志问他市里对纺织行业改革和发展的打算。这次谈话也收录进了《民贵泰山》，题目是《一定要想办法帮助困难职工》。

书中还有一篇文章《城市建设要以人为本》，专门讲到他问南郊宾馆职工宿舍门口几个摊贩的情况："一个卖馒头的下岗女职工，一天可以赚到二三十元；卖牛奶和面包的，一天可以赚四五十元；卖啤酒、炸豆腐干的，多的时候两个人一天可以赚到一百元。"这也可以看出他注重从调查中了解实情的作风。书中还收录官正同志 2005 年 5 月 9 日致中央领导一封信的摘要，信中对农村基层问题的分析和建议，没有对实际情况的深入了解是提不出来的。

## 特别链接：网络热评

### 一位智者

来源：人民网　作者：刘国昌

西方哲学史上有“智者”一说，意思是说人比较有理智、头脑清醒，明白事理。

近读吴官正同志写的《民贵泰山》一书中的若干篇章，深感他是一位智者。

请看其中的一些篇章——

在《老老实实做人 踏踏实实做事》一文中写道：“人贵有自知之明。我也有不少缺点、错误。‘政声人去后’，现在人家说你好，不算好，将来人家说你正确，那才算正确。历史不是写出来的，是干出来的，老百姓心里有杆秤，这才是衡量正确与否的标准。”

在这一文中还写道：“要明白‘人走茶凉’的道理。我认为，还是人走茶凉好。有的人希望家里总是门庭若市，这是不可能的。人走茶非凉不可，不然就会变馊。”

在《新闻报道不要写赞扬我的话》一文中写道：“在报道里面对我赞扬的话无论如何不要写，什么‘轻车简从’、‘冒着寒风’……全部删了去。我们在地方工作本来就应该这样。”

以上几段话，涉及名声、退休、报道等问题，从中可以看出吴官正在这些问题上很清醒。他所说的道理很对、很实在，客观实际情况也就是这么回事儿。

做一个智者不容易，需要把事理看透、看清楚。遗憾的是有些领导干部尚未做到这一点。他们为表面现象所迷惑、为似是而非的道理所禁锢，依然故我。这是很危险的。在上述一些问题上，应该猛醒，应该觉悟，争取也做个智者才好。

## “茶杯”照出的官德

**来源：人民网　作者：吴酩**

最近，有出版社推出了一本名为《民贵泰山》的新书，内容是吴官正同志任中共中央政治局委员、山东省委书记期间的部分讲话、谈话、文章、书信和批示。其中有关“人走茶凉”的议论，引起了媒体的关注，网友的共鸣。

吴官正同志的这段高论，引自他在山东省委办公厅综合一室党支部一次生活会上的发言，讲话的具体时间是 1997 年 12 月 16 日。他说，要明白“人走茶凉”的道理。我认为，还是人走茶凉好。有的人希望家里总是门庭若市，这是不可能的。人走茶非凉不可，不然就会变馊。你在一个地方当什么书记，当什么长，人家来请示工作，求你办事，你走了，这些情况就不存在了，还会门庭若市吗？

“人走茶凉”，字面意思其实是很明确的，不过是对自然现象的客观描述，而被用于形容世态炎凉、人情淡漠，纯属人类的“自作多情”。需要做点注解的是，这里的“人走”，不是通常意义的一般“人”的空间位置移动，而是指官员权位的转移，不想“人走茶凉”，实际是不想“官走茶凉”，“转移方”是意欲在“故地”、“原位”继续发挥“余热”，“留守方”则是希冀继续得到“旧主”的“荫庇”。说白了，这是对扭曲“官际”关系的一种依恋，就是要维系业已形成的“权”、“利”链条，并不断加固、延伸。当然，如果压根儿没筑成这种特殊的利益链条，双方也就会以很平常的心态对待“人走茶凉”问题，“转移方”不会因遭遇“茶凉”而感到失落，“留守方”也不会为失去原本就不存在的“荫庇”而痛心。只可惜，一段时间里，官场上此类简单、清纯的关系似乎越来越少，找“后台”、傍大款，拉帮结伙、相互提携、联手营私的现象却相当普遍。恐怕这也正是吴官正倡导“人走茶凉”的主要原因，而“人走茶非凉不可，不然就会变馊”，则是对官场畸形关系的形象描绘。在实际生活中，这种“变馊”的官际关系，败坏了一处处风气，毁掉了一拨拨干部。

其实，倡导“人走茶凉”的名人，不光是吴官正同志，至少笔者就听人民日报原总编辑范敬宜也说过同样的话。那是在 1998 年，范敬宜刚刚从总编辑职位上退下之后。他不光口说，而且公开著文“专论”。那文章是这样开头的：“一直想就‘人走茶凉’之说发点议论，但心存顾虑，因为那时还在‘台上’，怕遭‘站着说话不腰疼’之讥。现在角色转换，到了‘台下’，似乎可以‘叟言无忌’了”。随后，范叟痛痛快快地“发”了一通“人走茶必凉”的议论，并以自作打油诗结尾：“人走自然茶就凉，不凉反而不正常，只要留得真情在，纵然成冰又何妨？”虽然吴官正同志有关“人走茶凉”的议论是最近才公开发表的，但实际是讲于1997年底，与范敬宜同志“发点议论”的时间差不多。时间重叠，多半只是巧合；而二位的“高见”，却是理念的相通与相“和”。这也反映了领导层对官场弊端一种难得的清醒共识。

有人认为，倡导“人走茶凉”，体现了一种清醒、一种智慧、一种胸怀、一种品德。笔者同意这种评价，因为对“人走茶凉”的态度，的确反映了截然不同的思想境界。权力观端正，时时牢记公仆的身份、为人民服务的宗旨，并坚持努力实践，就会欣然面对“人走茶凉”；只有利欲熏心、视权位为私器的官员，才会挖空心思力保“人走茶热”，以便当事方或贪权恋栈、滥发“余威”，或继续攀附、交换利益。

当然，除却了“权”与“利”的内核，“人走茶不凉”也就无可非议，但是在没有彻底脱去“官衣”、摘掉“纱帽”之前，是很难“享受”到这种纯平民、真友情的人际关系的。前些天，同为退休老人，比较年轻的我与比较年长的范敬宜在茶馆小聚、倾谈，没有了上下级关系，也不是在他那“部长院”的寓所，只剩下师生、朋友间的友情，那茶真是既香又热。结账时，范公一边拦着准备埋单的我，一边说，这样的茶聚几乎天天有，都是由他付费。看得出，范公是把这当成了一种享受。分手时，看着他走进超市去买面包的背影，我不禁自问，像范敬宜这样的正部级干部，又有几人能够享受退休后经常与友人自掏腰包“泡茶馆”的乐趣呢？这恐怕与他在位时也从不“太在乎自己”密切相关……

与“到站下车”、“裸退”一样，“人走茶凉”也是一面镜子，但愿当事人们都有勇气照一照。到站不下车，不光会挤占其他乘客的空间，自己也要多走冤枉路；坦然面对“人走茶凉”，享受的往往倒是纯正的“热茶”。

## 吴官正为啥说“还是人走茶凉好”？

**来源：人民网　作者：林伟**

“人走茶凉”，这句话单从字意上说，就是倒了一杯招待客人的热茶，客人走了，没有喝的这杯热茶时间久了也自然的凉了。寓意为当你离开原来地方，你在那个地方的关系也就随即淡化了。比喻世态炎凉，人情淡漠。

其实，“人走茶凉”也是一种自然现象。记得俄国大文豪托尔斯泰曾有一个妙喻说：友谊好比一壶开水，一旦离开炉子就逐渐凉下来了。朋友尚且如此，何况是一般的工作关系？在位时朝夕相处，自然交往频繁，离岗后相见日稀，没有那么多要事向你请示、商量，“茶”的降温便成为一种必然。

但是，让人不可思议的是，时下有个别领导干部，人虽然同原单位脱离了隶属关系，但对老单位的一些事情特别是敏感问题依然十分“关注”，插手过问者有之，遥控指挥者有之，变相授意者亦不乏其例；少数素质低下的亲友、部属也常常“拉大旗作虎皮”，滥用领导的威信或假借领导之名谋取私利。令人记忆犹新的是，原河北省委书记程维高的两任秘书以及这位书记大人的妻子、儿女的前车之鉴，就很发人深省。特别是那些淡忘党的宗旨、念念不忘个人私利的人，“人退休，权未退休”，一旦其非分之举和无理要求被坚持原则的同志所拒绝，轻者斥之为“不懂事”、“不讲感情”或“人走茶凉”、“忘恩负义”，重者甚至恼羞成怒，伺机打击报复，给人使绊子、穿“小鞋”，这是值得厚非的，也是十分危险的。

正因如此，我感到，吴官正要求各级干部要明白“人走茶凉”的道理，倡导“还是人走茶凉好”，体现了一种清醒、一种智慧、一种胸怀、一种品德，各级领导干部都应静下心来，好好品味品味。

我认为，吴官正之所以倡导“还是人走茶凉好”，其原因就在于人走茶凉是一面镜子，它能照出一些领导干部在位时的作为、品德和作风，也可照出群众对领导干部的评价高低和感情深浅。有的干部在位时“心里只有群众，唯独没有自己”，像焦裕禄、孔繁森那样，这样的干部一旦离任或退休、去世，人们总是想念着他，惦记着他，“茶”是永远不会凉的。相反，有的领导干部在位时总是高高在上，八面威风，滥用权力，不关心群众疾苦……在位时，群众敢怒不敢言，离任后这样的人被背后“戳脊梁骨”，也就成了必然。

由此说来，各级领导干部都应当从“人走茶凉”的现象中得到深刻的启迪，要好好珍惜人民赋予的权力，尽心尽责，勤政廉洁，真正做到为官一任、造福一方。若能如此，“人走茶凉”又何妨。

## 有感于“还是人走茶凉好”

**来源：中华人才思想道德网　作者：诸葛孔**

“人走茶凉”出自京剧《沙家浜》，是著名作家汪曾琪先生自创的语言，为阿庆嫂的唱腔写的词。现在，“人走茶凉”已经成为人人会说、人人都懂的俗语了。中国有以茶待客的礼仪，客人进门，先奉上一杯茶水，进而攀谈，这几乎成了一种“金科玉律”。主客谈兴颇欢，频频举杯品茗，主人亦频频添加热水，以助谈兴。不觉天色已晚，客人起身告辞，主客恋恋不舍，桌上的茶却慢慢凉了。仅从字意上讲，“人走茶凉”只不过反映了一个微不足道的自然现象，但在善于以隐喻论说事理的中国，这短短四字却蕴涵着人际交往的大委曲：在其位，则万人空巷，门槛踏破；不在其位，则车马稀疏，门可罗雀。世态炎凉，人情淡漠，可见一斑。

不可思议的是，当下，某些官员调离、升迁，或退休后，却是“人走茶不凉”，非要发挥一下政治余热，“人退休，权未退休”，再站一班岗。人虽然同原单位脱离了隶属关系，但对老单位的一些事情特别是敏感问题依然十分“关注”，遥控指挥者有之，余威影响者有之，变相授意者有之，横加过问者亦不乏其辈。遥相呼应者称之门生；稍有异议，轻者冠以“不讲感情”、“忘恩负义”的帽子，重者“小鞋”不断，报复连连。上梁歪之，下梁难正！一小撮政治小掮客便学着“拉大旗作虎皮”，其中亲友有之，部属亦有之，滥用上司或亲属政治威信或假借之名谋取私利。

为官多年的吴官正自然深谙此理。对于这种官场怪现象、坏现象，吴官正对各级干部提出要求：“还是人走茶凉好”。“人走茶凉好”是现代官员体制的客观要求,更是吴官正豁达、广博的胸襟的体现,是他人生品德、智慧的体现。

“人走茶不凉”的余威政治其实是封建幕僚政治的余孽，动不动讲关系、讲恩义，而苍生人民在他们那里不过是他们爬向权力顶峰最微不足道的一枚棋子。在建设中国特色社会主义国家的过程中，我们已经缺了依法治国、以人为本的基本方略。清除“人走茶不凉”的余威政治的温床，严格用人机制、监察机制。只有这样“为人民服务”工作思想才能真正的落到实处，官员才能好好珍惜人民赋予的权力，尽心尽责，勤政廉洁。

还是人走茶凉好!

## 读吴官正“鼻子论”有感

来源:中国共产党新闻网　网友:雄风

读了吴官正同志的“鼻子论”后，笔者被作者那平实精练的语言，具体充实的内容，形象贴切的比喻，言简意赅而又入木三分、耐人寻味的论述强烈感染。吴官正同志的“鼻子论”，充分体现了一个党的高级领导干部既坚持实事求是，又饱含真情实意，不讲假话、大话，少说空话、套话，多说实话、真心话、管用的话的领导艺术和人格魅力。

我们每个党员干部,特别是领导干部,只有深刻领会并具备“鼻子”精神，一心只求奉献，而不求索取，不计较个人得失，不追求名利，才能更好地为人民服务，才能更好地把我们所要做的事情做好，才能得到人民群众的真心拥护，才会产生巨大的凝聚力、影响力。

然而，现实中有许多领导干部却不具备这种“鼻子”精神，他们往往利用手中的权力，大肆为自己及其亲友甚至情妇谋取私利。尽管他们长有两只眼睛、两只耳朵、一个嘴巴，却很少发挥作用。他们总是浮在上面，而不深入基层，深入群众，往往喜欢听汇报，喜欢蜻蜓点水，喜欢追求广播里有其声、电视里有其影，喜欢高谈阔论，喜欢权力、金钱、美色，喜欢用阿谀奉承的奴才、小人，喜欢提拔重用爱拍马屁、爱跑爱送礼的人，喜欢装腔作势大搞“面子工程”、“政绩工程”(犹如有人喜欢割个双眼皮、挂上耳环、涂层口红),

喜欢独断专行大搞“一言堂”，喜欢搬弄是非，喜欢以权整人，喜欢打压不同的意见的人……这样下去，无论对个人、机关单位以及党和政府都危害很大，搞的是机关单位里乌烟瘴气，各样工作靠吹靠擂，干部群众怨声载道。

对一个人、一个机关单位来说，都应该具备“鼻子”精神，拥有并充分发挥鼻子的那些优点，尤其对困难群众更要有感情，要富有同情心，要把他们的事情当着自己的事情来办，把他们当成自己的亲人、朋友；要时时刻刻为人民群众的利益着想，深入群众调查研究，并帮助他们解决一些具体的问题；正确对待名利，经得起权力、金钱、美色的诱惑，而不刻意追求名利和感官上的刺激，更不应该搞劳民伤财“政绩工程”、“面子工程”；要充分发扬民主，虚心听取不同的意见、建议，甚至批评，不搞一人说了算，不打击报复提批评意见的人；要精诚团结，相互理解，互相配合，形成合力，把人民群众的事情办好；要始终坚持实事求是，坚持以人为本，不讲假话、大话，少说空话、套话，多说实话、真心话、管用的话，多为群众办事实、好事。

民贵泰山，群众的利益无小事。我们广大党员干部只有时刻牢记并具备且认真践行好“鼻子”精神，一切从人民群众根本利益出发，力争把人民群众的事情办好办实，才能赢得最广大人民群众的真心拥护和爱戴，我们的党和政府才会产生巨大的凝聚力、影响力，我们有中国特色的社会主义事业才会更加蒸蒸日上蓬勃发展。

## 谨防“鼻子”五种病

**来源：北国网　作者：张小龙**

吴官正同志的《民贵泰山》一书，近日在全国新华书店发行。书中有一篇文章，是吴官正同志在山东省委办公厅党支部生活会上的发言，其中读到要学习“鼻子”精神，读来饶有趣味，发人深思。

“鼻子论”是这样说的：人长有两只眼睛、两只耳朵、一个嘴巴，就是让你多看、多听、少说。但眼睛有时会看错事、看错人，耳朵有时会偏听、偏信，嘴巴容易说错话。相比之下，鼻子的优点就很多：一是有同情心，眼睛流泪，它也跟着流鼻涕；二是很勇敢，人一旦伤风感冒，它先打喷嚏、发信号；三是顺其自然，不求粉饰；四是很讲团结，两孔沟通，互相配合；五是很开朗，什么气味都能吸进去，也能吐出来。

鼻子有如此多的优点，领导干部当然该学、堪学。不过，如果周围环境变化复杂，自身免疫力又不强，“鼻子”也会犯病，将会出现与其优点背离的五种“症状”。

一是“鼻炎”。人患了鼻炎，就闻不到气味。领导干部患“鼻炎”，就会缺乏对百姓的理解和同情，而这种同情的缺乏和善良的缺失，又常常在法制不完善、制度不健全的咎因中被掩盖。现实生活中，对百姓利益置若罔闻甚至麻木不仁者，确实存在，那位将因抗拒野蛮拆迁而自焚的农民斥为法盲的城管执法局局长，正是代表。

二是“嗅钝”。嗅觉减退，对有害气味就不敏感。领导干部嗅觉迟钝，就很难发现苗头、看出端倪，特别在处理突发事件时，判断失误，处理失当，导致小事拖大、大事拖炸。瓮安事件、孟连事件、陇南事件等群体事件，都是沉痛教训。嗅觉迟钝，背后暴露的是执政能力的薄弱。

三是“息肉”。鼻子和鼻腔本来是畅通的，偏偏要长一块息肉，贻害不浅。有些领导干部，或者是求政绩心切，好做表面工程和短期工程，不顾长远利益；或者是挖肉补疮，掩过饰非，制造表面假象。须知，“息肉”总要切除，粉饰的“政绩”，最后要靠加倍的代价去偿还。

四是“鼻塞”。当上了领导，特别是“一把手”，就搞“一言堂”，我行我素，逃避监督。原安徽省巢湖市委书记周光全贪污受贿入狱后自省：“干部做到我这个级别，就没有监督了。”防止专制、加强监督，是为了保护官员、爱护官员。

五是“过敏”。鼻子过敏就很脆弱，闻到什么味道都痒得难受。领导干部“过敏”，表现在喜欢听好话、听不得不同意见上。认为提意见就是捣蛋，就是和自己过不去。“逢人只说三分话，未可全抛一片心”，这种现象若存在于官场，是非常危险的。

我们学“鼻子精神”，当然要学其长处，但也要谨防其潜在的“病变”。这样，才能真正防腐拒变，品格长褒。

## 有感于“夹着尾巴做人”

**来源：南方网　网友：一颗平常心**

吴官正同志在《老老实实做人踏踏实实做事》里提出：要夹着尾巴做人。我们就像猴子，都有一条尾巴。平时蹲在地上的时候，尾巴不容易被看到、抓到，爬到树上，尾巴就露出来了。所以，要夹起尾巴做人。人贵有自知之明。

当今，我们有的干部只懂当官，不懂做人，缺少自重自省，在工作、学习、生活中不注意“夹起尾巴做人”，并且不虚心听取同志们的意见，缺点也就暴露无遗，难怪尾巴越露越大。有的人自以为官做大了，智慧也就随之而来，随意瞎指挥，甚至为霸一方，有的地方一把手还“上管天、下管地、中间管空气”，造成民怨沸腾。

正如吴官正同志指出的：老百姓心里有杆秤，这才是衡量正确与否的标准。我们的干部眼睛要朝下，要虚心听取群众的意见，这样才能少犯错误。

## 书信政治学：小事与大节

这里选编的作者的书信，从一种更为感性的层面反映和体现了党员干部所应具有的工作作风、生活作风等诸多重要问题，具有生动鲜活的教育意义。在工作书信中，作者尖锐批评虚报统计数据的做法："虚报浮夸是一种极坏的作风，是党纪、政纪所不允许的。一旦发现，如不及时纠正，将后患无穷，带坏一代风气，这是对党对人民的犯罪。"而作者要求不用警车开道、不沿途布哨站岗，外出要轻车简从，原则上不到宾馆起草文件，甚至要求所有印刷品都应印双面，等等，体现了一位政治家、一个真正的政治从业者所应具备的个人作风：关心的不是个人名利、头衔、住所等等，最关心的唯有一个大写的责任！

更为感人至深的还是作者的家书。我们民族是一个有着悠久家书写作传统的民族，远的如诸葛亮、嵇康和颜之推的家书，近的如曾国藩和傅雷的家书，对于青年人的教育都产生过深远的影响。家书特别动人之处在于，

## 誡子書

夫君子之行，靜以修身，儉以養德，非澹泊無以明志，非寧靜無以致遠。夫學須靜也，才須學也，非學無以廣才，非志無以成學。淫慢則不能勵精，險躁則不能治性。年與時馳，意與日去，遂成枯落，多不接世，悲守窮廬，將復何及！

## 又誡子書

夫酒之設，合禮致情，適體歸性，禮終而退，此和之至也。主意未殫，賓有餘倦，可以至醉，無致迷亂。

## 誡外生書

夫志當存高遠，慕先賢，絕情欲，棄疑滯，使庶幾之志，揭然有所存，惻然有所感；忍屈伸，去細碎，廣咨問，除嫌吝，雖有淹留，何損於美趣，何患於不濟。若志不彊毅，意不慷慨，徒碌碌滯於俗，默默束於情，永竄伏於凡庸，不免於下流矣！

《太平御览》中收录了诸葛亮《诫子书》、《又诫子书》、《诫外甥书》等家书。《诫子书》开篇有传世名言："静以修身，俭以养德。非淡泊无以明志，非宁静无以致远。"

尽管相对于国家政治生活中的大事而言，它说到的都是小事，可是我们可以从这些小事上看见一个人的大节。家书是写给自己家人的，自然无须矫揉造作，而是直抒胸臆，流露真情，从中更容易看到一个人至情至性的一面。在作者的家书中，我们可以看出一个真正的党员领导干部的本色：以身作则，克己奉公，忘我无私，急公好义。给父老乡亲的书信，也大多是“合为事而作”，不为情造文，不假修饰。正是在这种质朴的语言当中，我们更深地领悟到一种人格之美。

# 工作书信

## 1993 年 9 月 21 日，在外地出差时致江西省政府领导的一封信

许多人看《红楼梦》，各人角度不同。王丙乾同志看《红楼梦》，得出结论：俭则兴，奢则败。我想是有道理的。贾家经济来源主要是地租，官俸和爵禄的数额很少，元春的赏赐也很有限。几处庄园因灾收入减半，可是贾家都不将就省俭，寅吃卯粮，恣意挥霍，化“公”为私，贪奢并起，最后一败涂地，势在必然。

历史是一面镜子，我们应引以为鉴。要使生财有道，必须集中精力发展经济，培植后劲；取财有度，必须该收的收，该放的放；用财有方，必须量入为出，留有余地。

## 1994 年 7 月 21 日，致江西省各专员、市长的一封信

我最近到一些县乡，听了个别干部汇报的数据，似感有不实之处。对此，我深感不安，认为有必要给同志们写这封信。

请你们一定要坚持实事求是的原则，高度重视统计数字的真实性。任何时候都要保持清醒头脑，既要注意防止下面为了捞实惠对不真实的数据睁一只眼，闭一只眼；更要注意防止虚报浮夸，沽名钓誉。省将在今年适当时候对一些县乡进行抽查，一旦发现弄虚作假、虚报浮夸、擅改统计数据的，一律取消目标管理评先资格，并通报批评；情节严重的，对责任人要给予党纪、政纪处分。

希望同志们对下面一定要严格要求，并教育各级干部支持统计部门的工作。虚报浮夸是一种极坏的作风，是党纪、政纪所不允许的。一旦发现，如不及时纠正，将后患无穷，带坏一代风气，这是对党对人民的犯罪。

## 2001 年 11 月 1 日，致山东省财政厅负责同志的一封信

春亭省长和我多次强调，财政收入一定要实，切不能弄虚作假，沽名钓誉。一定要坚决制止收过头税或虚列收入，也一定要防止该收不收，望你们落实。经济工作的着力点是发展经济、调整结构、提高效益、培植财源，保持持续快速健康发展。今年的财政增长也不要过猛，还要考虑明年，年年有较快的稳定增长才是本事。要鼓劲，但不要去盲目攀比，江苏的经济总量和质量都比我们高，地方财政收入比我们多也是正常的，只要山东日子过得去就行。

## 1997 年 4 月 12 日，致山东省公安厅负责同志的一封信

我们地方干部，要按照江泽民同志的要求多接触基层群众和干部，要严格要求。为此，从明日起，我到省内各地市县工作，万万不要用警车领路，路上也不要特意安排干警值勤。我想您一定会理解和支持我，也会做好地市县同志的工作。

## 1997 年 9 月 19 日，当选中共中央政治局委员后致山东省委分管办公厅负责同志的一封信

谢谢你们工作上的支持和帮助。十五届一中全会后，我更多地想到的是责任，心里时常感到不安，觉得有些话要对你们说，请同志们继续给予支持。

1. 由于我主要在省里工作，还应当按照地方领导人的要求去做。对我的新闻报道，除新华社发通稿或中央有明确要求外，一律只称省内职务。

2. 参加公务活动和外出调查研究，要轻车简从，食宿同省里其他领导同志一样，不能有任何特殊，决不能沿途布哨站岗。

3. 我的家人不能干预我的工作，也不许以我的名义办事情。这些年，我先后在几个地方工作，总有些熟人。今后如有湖北、江西等地的人，打着我的名义或亲属的名义来山东要求照顾，一概拒绝，一切按规定和原则办理。

4. 如有人要我题词，请代我婉言谢绝。只要我们把话讲清楚，大家会谅解的。报刊杂志要严格控制登我的工作照片，特别不要登在封面上。必要的报道，也要尽量压缩篇幅。

5. 我现在的宿舍很好，全家满意。我哪里都不去，就住在这里。

6. 外事活动中赠送的礼品，要严格按规定办理，不符合规定的一律上交；在省内活动一概不接受礼品。我家里一般不接待客人，有事请大家到办公室谈。这一点似乎不近人情，但作为我也只能如此，请同志们理解。

7. 你们的工作与我接触较多，希望加强对我监督。这个监督包括各个方面，但主要的是对执行民主集中制和廉洁奉公的监督。如发现有违背，你们一定要及时指出来，千万不能顾及面子，更不能粉饰缺点，要知无不言，言无不尽。这样我才能少犯或不犯错误。

## 2007 年 7 月 4 日，致中央纪委办公厅主任刘卒、机关事务管理局局长赵惠令的信

希望同志们认真抓好机关的节约工作，降低运行成本。

机关的办公条件已不错了，原则上不要到宾馆去起草文件；必须开的片会，也应严格控制人数和天数；所有印刷品，都应印双面；废纸等废物要注意回收；夏天空调温度，冬天供暖温度，要严格按国务院规定执行；加强办公用品的管理，防止大手大脚，等等。

烦请你们集思广益，抓好这项工作，这本身就反映了一个机关的风气。

在确保机关正常、必要的开支外，还有哪些工作需要改进的？我想你们是有办法的。

谢谢，辛苦了！

## 特别链接：旧闻忆事

### 省长三发通知堵私情

**来源：1990 年 1 月 16 日《光明日报》**

三天前，江西省省长吴官正要求有关部门下发“通知”堵私情。这是他 1988 年以来第三次这样做，已在江西传为佳话。

——1988 年 3 月 28 日：“根据吴官正同志的要求，请各地市办公厅（室）和有关企业重视：如果有武汉市（吴官正同志曾在武汉工作——笔者注）等外省市或余干县（吴官正同志的家乡——笔者注）等省内的人，以吴官正同志名义或他的亲戚朋友的名义向你们要购化肥、彩电、照相机、自行车、羽绒服、瓷器、四特酒、电冰箱、液化气、木材等紧俏商品，请你们一概不信，防止上当，按原则办。并望把这些人的单位和名字记下来，将情况告省政府办公厅。”

——1989 年 5 月 16 日：“根据吴官正同志的要求，请你们给有关部门的领导及单位打个招呼，如有人打着他的名义或以他的亲戚、同学、朋友名义，要求招工、招干、招生、参军、农转非、转户口、分房子以及购买紧俏物资或商品等给予照顾的，一概不予理睬，按原则办事。”

——1990 年 1 月 12 日：“现根据吴官正同志嘱，再次重申，如有人打着他的名义或以他亲戚、同学、朋友、老同事等名义，要求招工、招干、招生、参军、农转非、转户口、分房子、晋级、评职称、推销商品、购买紧俏物资和商品、为违法行为说情以及上门拉关系谋私利的，不但一概不予理睬，坚决按原则办事，而且要严肃批评，情节严重的要认真查处。”

这三次“通知”在发至全省各地的同时，还抄送给了吴官正同志曾任市长的武汉市人民政府。

“通知”下到各地，欲徇私情者望而却步。已发生的三起以省长亲友的名义调干、参军、招工的事件，也及时被揭露。

## 勤俭本色

**来源：2010 年南昌《民贵泰山》读书交流会上一位同志的发言**

勤俭是吴官正同志品格的重要特点。在江西省政府工作期间，他要求各级政府紧紧把住好财政这个总开关，千方百计增收节支，大开展“双增双节活动”，要“捞浮油”，像革命年代那样节省每一个钢板闹革命，并且常用“历览前贤国与家，兴由勤俭败由奢”的诗来教育大家。他任江西省长之初，由于种种原因，江西有近半数县吃财政补贴，之后由于生产的发展和财政体制改革等原因，加上“量入为出”的思想进一步树立起来，各县市财政实现收支平衡。

对工作是这样，对个人生活要求则更严。他在省政府任职多年，只用一间办公室，还在办公室摆一张小床，疲倦时就在小床上躺一会儿。下基层调研，每次均轻车简从，不准当地领导迎送，从不收受礼物，吃饭只要上几个普通菜就够了，也不喝酒。记得他到基层用餐时，曾多次因当地上菜多了些，他只吃了两三道简单的菜，如干辣椒炒小鱼干等，不等其他菜上完就放下筷子离开餐桌，弄得当地领导面面相觑。

## 万万不要用警车领路

**来源：2010 年南昌《民贵泰山》读书交流会上一位同志的发言**

我记得官正同志去山东的第三天，因要看望在青岛视察工作的田纪云同志，他乘中巴车去青岛，到了青岛高速路口时，青岛市派了一辆警车在前面带路。我注意到官正同志当时脸色就不好看，当天晚上他就亲笔写下了《在省内不要用警车领路》这封信，要求他在省内各地市县工作，一律不得用警车领路。实际上在江西他无论是当书记还是省长，一直是这样做的。山东的同志感到为难，他们对我解释说，由于山东省委书记有一段是由政治局委员兼任，所以都作警卫安排，已经形成了习惯。我给他们讲，你们只能按他要求的办,不然他要发脾气的。官正同志在担任中央政治局委员后,又专门写信,提了 7 点要求,仍然坚持他在省内活动不能布哨站岗。在山东,他也一直住在南郊宾馆职工宿舍的一套三室一厅的房子里。

## 家书五封

### 1989年9月20日，为子女婚事简办给与老何家熟悉的领导写的一封信

少华同小何已结婚，这是他们生活长河中的一件大喜事。我严格按照中央要求，一不受任何人的礼，二不请客。他们说今年国庆节前夕可能要去看望小何的父母，我拜托你给我以帮助，做做小何父母的工作，也希望他们喜事简办，不受礼，不请客。对这点我曾同小何和她父亲都讲过，老何表示同意，我相信他们会支持我的工作。但又担心社会上的“压力”、闲人的多嘴、老何的心愿，使他忘了他答应的不受礼，不请客。但若老何的亲朋好友，不吃一餐饭，确实觉得心里过意不去的话，相信他会把握好。

这可能是多余的话，对老何的希望好像“有点不近人情”。但我的大儿子结婚就做到了不受礼，不请客，二儿子的亲戚家也应一样，这是事业的需要。

我相信你能帮好这个忙，如能如愿，对你及老何全家深表谢意。

### 2006年12月10日，给弟弟及叔叔等家属的信

刚得悉父亲大人逝世，十分悲痛。他是一个出身贫苦的普通农民，年已九十有六高龄，走完了平凡而有意义的一生。

万望你们及父亲的其他亲人们务必坚决做到：丧事一切从简，决不能大操大办，决不要收受任何人的钱财，决不可劳烦当地政府。相信父老乡亲、同志友人会理解支持。

近年，父亲年老体衰，他本人、亲人和医务人员尽了最大的努力，省市县镇有关领导也十分关心。在此，对各位领导、亲朋、同志表示深深的谢意！

现电汇壹万元人民币，请收。如有困难，望给我的秘书打电话，他们会转告我。

请以我、锦裳率全家给老人敬献一花圈，以表示我们的深切哀悼！

父亲大人千古！

## 2006 年 12 月 13 日，给弟弟的信

父亲已入土为安，他同母亲相伴，与埋葬在周围的亡人相邻相处。如有人提什么“建议”或出什么馊主意，务必保持清醒头脑，永远不可损坏或扰动他们的邻居。也永远不要建什么亭子，也不要在坟墓间修一条通向父母墓地的路。

我昨晚打了七个电话，使我感到十分困惑和悲哀，只好写信，请您按我的要求做好工作，相信您会想通并支持我。

我们家族有今天，是父母忠厚、善良、让人和大家努力的结果，要十分珍惜。我是高处不胜寒，想到的总是党的工作、人民的愿望和刚正公平，想到人言可畏，想到永远不做亏心事。

我们特别是我尤其要谨慎，对自己、对亲属都应严格要求，勤勤恳恳工作，老老实实做人。如果在这信的第一段内容中列的三条，有任何一条做不到，影响会极坏，后果会十分严重，到时候会后悔莫及！

在任何时候，首先要想到别人的感受，要尊重同事、亲友和陌生人，夹着尾巴做人，好自为之，这是一个领导干部应该做到的。要记住，一个家族，如某一件事处理不好，兴难衰易，很容易会走向反面。

我不想写下去了，关于涉及父母的事，我是长子，应尊重我。我在位时你们不能做，我退下来你们不能做，即使我死后，你们也不能做：要求人家迁坟、盖亭、修路或搞什么花样。

历史和现实告诉我们，忠厚好，谦让好，吃亏好，这对后代好！我希望您是会想事，会是瞻前顾后的明白人，也希望您会理解我的苦心。

## 2006年1月24日，致江西省余干县委县政府及乌泥镇党委的信

刚才，我得知一亲戚太不像话，很是气愤。万望同志们坚持原则，对任何人，包括我的父亲、亲戚、家乡人等，都不得照顾，如有人违纪，坚决执行纪律；如有人犯法，坚决依法惩处。

我坚决支持同志们大胆治理，大胆工作，对领导干部及其亲属应一视同仁，不得特殊，不要迁就，不应照顾，否则难正党风，败坏民风。

有的人狗仗人势，如不严加管教，乡无宁日。

希望同志们刚正不阿，对事不对人，该怎么办就怎么办，不要有顾虑。

此信可口头传达到有关领导，还可以抄一份贴在镇党委，请坚决执行。

春节好！

## 2006年2月22日，致江西省余干县委书记陈建辉的信

记得这几年我曾先后给你们写过三封信。一次是听说我的一个亲戚的儿子跟人打架；第二次是听说我的一个亲戚要在黄金埠电厂建设中搞一些土方工程；第三次就是前不久乌泥发生的事。我听了这些事后，都十分震惊、气愤。可否把我写的这三封信找出来，让乌泥镇和乌泥村的干部认真读一读、议一议、想一想，是否有道理？通过这几封信，至少可以看出这么几点：

一、我是认真的。我处在党和国家领导人的位置，考虑的只能是党、国家和人民的利益，决不容忍我的亲属违法乱纪。不管什么人，违纪就要严格执行纪律；违法就要坚决依法惩处，决不能姑息。

二、对亲属要严加管教，不要照顾，不能迁就，这是一个坚持公正、正义、刚直的领导干部应有的素质。对余干特别是乌泥的干部群众，要加强教育，遵纪守法，勤劳致富、守法致富；发展要靠自己，不能“等、靠、要”；要与

周边的村和睦相处，共同发展。

三、相信同志们一定会大胆治理，坚持原则，刚正不阿。

四、这对亲属也是爱护。国法是无情的。如果有人不悬崖勒马，必将碰得头破血流，发展下去，会出现想象不到的可悲后果。

五、当干部的都得想一想，手背手心都是肉。要严格要求自己，严格要求家属，不要关亲顾友，更不能支持、纵容、包庇他们利用自己的影响谋取私利、无理取闹、不受管教，甚至恶语强要、欺诈行凶等。

我想今后不再写这类信了，我的请求和原则，都在这几封信里。相信同志们一定会按照这些精神去做，麻烦了。

## 特别链接：网络热评

### 吴官正家书“不近人情”是面镜子

**来源：人民网　作者：高福生**

日前有杂志刊登了《吴官正家书一束》，引起了人们的广泛关注。这些摘登的信件是吴官正位居高官时分别致弟弟、叔叔以及家乡领导的一些信函，内容虽然有别，但要求如出一辙，披露了吴官正同志在婚事、丧事等家事上不仅严于律己，对其亲属的要求也格外严格，几乎有点“不近人情”。

吴官正的“不近人情”体现在给父母修坟一事上。有人建议，在一处坟地间修一条路通向他父母的墓地，但这样做可能损坏或扰动相邻亡人的坟。为了说服家族不要这样做，吴官正一个晚上连打7个电话，第二天又给弟弟写信，劝他想通并协助做家族的工作，郑重声明“我在位时你们不能做，我退下来你们不能做，即使我死后，你们也不能做：要求人家迁坟、盖亭、修路或搞什么花样。”

吴官正的“不近人情”体现在对红白喜事操办上。二儿子要结婚了，他要求像大儿子那样，结婚时一不受任何人的礼，二不请客，并写信希望亲家排除“压力”，不受礼，不请客。为此，他还专门给与亲家熟悉的领导写信。96岁高龄的老父去世了，他写信给弟弟、叔叔等家属，万望他们务必坚决做到：丧事一切从简，决不能大操大办，决不要收受任何人的钱财，决不可劳烦当地政府。

吴官正的“不近人情”体现在对亲属“零容忍”上。当他知悉“一亲戚太不像话”后，致信家乡县委县政府：“对领导干部及其亲属应一视同仁，不得特殊，不要迁就，不应照顾。”当听说有个亲戚的儿子跟人打架、还有个亲戚要在黄金埠电厂建设中搞一些土方工程等事情后，“十分震惊、气愤”，亲自致信余干县委书记陈建辉，要求“不管什么人，违纪就要严格执行纪律；违法就要坚决依法惩处，决不能姑息”。

吴官正的“不近人情”，足以让现实生活中某些官员汗颜。这些年来，中央多次要求、反复强调领导干部要管好身边人，管好亲属子女，但一粒老鼠屎损坏一锅汤的事却时有发生。有的利用婚丧嫁娶大操大办收受红包礼金，有的听任子女打着自己的名号经商，谋取不当利益；有的充当保护伞，为妻儿不法活动提供渠道和资源；有的“一人得道，鸡犬升天”，让权力荫及亲朋好友、三姑四姨……凡此种种，群众深恶痛绝。

品读吴官正同志这“一束家书”，看似“不近人情”却处处让人动情，字里行间充满了对亲友的歉意和无微不至的关爱之情，彰显了一位共产党员、一个国家高层领导人立党为公、执政为民、不徇私情的高风亮节，以及严以律己、严格要求亲友及当地领导依法依纪办事的博大胸襟与情怀，令人油然而生敬意。这“一束家书”有如一面镜子，不仅映照出了某些官员的不足，也让我们看到了中央高层根除贪官、整治腐败的决心。

## 谁读吴官正家书最惭愧？

**来源：新华网　作者：唐红珍**

日前出版的《中国人物传记》杂志，刊登了中共中央政治局原常委、中央纪律检查委员会原书记吴官正同志的“家书”一束。

读完这数则家书，笔者不由感慨良多。领导干部不是神，他们也是人，也有七情六欲，希望通过努力能给家庭一切的美满，带给妻子儿女自己所能拥有一切，这是一种正常的心理和愿望。希望亲家对儿女婚事不大操大办；期望亲人们坚决做到对父亲的丧事一切从简，决不能大操大办，决不要收受任何人的钱财，决不可劳烦当地政府；要求余干县委县政府及乌泥镇党委对待自己的父亲、亲戚、家乡人等，都不得照顾，如有违纪坚决执行纪律，如有犯法坚决依法惩处……每一封家书都只有寥寥数百字，却浸透着吴官正对妻儿、亲人的一片真情与挚爱，字里行间无不体现出对亲属的严就是对家庭的爱，就是对人民的爱。

面对子女婚事、父亲去世、亲戚违法乱纪这些事情时，吴官正从小家与大家，个人与工作大局，民风与党风，亲情与党纪国法，对亲人、下属晓之以理、动之以情的沟通思想，讲道理、顾大局，严格要求兄弟、子女、亲戚、下属，彰显了一代国家领导人清正廉洁的高尚品质，令人无比的敬佩！

可是，在最近这几年间，大大小小的落马贪官大多数都经历了从“贪内助”到“全家腐”的蜕变，形成了“一人得道，鸡犬升天”的亲情捆绑下的谋利共同体。国家食品药品监督管理局原局长郑筱萸高达649万元的受贿簿上，就有其妻、其子大肆受贿；广东省韶关市公安局原局长叶树养的腐败“宏伟目标”是2000万给儿子、2000万给女儿女婿、2000万给自己安度晚年……他们为了自己的一已私利，为了给家人亲友谋取一时的富贵荣华，利用职权贪赃枉法、徇私情收贿赂，将党纪国法抛诸脑后，无视集体、国家和人民群众的利益受到损害，而最终被钉在历史的耻辱柱上！

品读吴官正家书，反思诸贪官的恶行，无论是已经揪出的和正处于潜伏状态的贪官，还是掌职握权的各级领导干部，都该从这几封家书中，思想受到震撼、灵魂得到触动，从而反省自身，更加严格的要求、管理身边的妻儿、亲友，更加坚定理想和信念，为了党和人民的事业恪尽职守，这也是护佑亲属和自己一生平安。

## 领导干部首先要管好自己的“家”

**来源：新华网　网友：子晋山右**

日前出版的《中国人物传记》杂志，刊登了中共中央政治局原常委、中央纪律检查委员会原书记吴官正同志的“家书”一束，读后感慨良多。

一束“家书”，有写给二儿媳妇父母熟悉的领导的，有写给其弟弟和叔叔等亲属的，有写给家乡县委县政府和镇党委领导的，可以说都是私信，谈的事情都是家事：一是拜托亲家熟悉的领导帮自己做点亲家的工作，儿女结婚喜事简办，不受礼，不请客；二是90多岁的老父亲去世，要求弟弟等亲属务必做到丧事从简，决不能大操大办，决不要收受任何人的钱财，决不可劳烦当地政府；三是听说自己的一个亲戚和人打架，一个亲戚要承包一个在建工程，他感到很气愤，三次写信给家乡领导，要求他们坚持原则，无论任何人，包括自己的父亲、亲属等，都不得照顾。如有人违纪，坚决执行纪律；如有人犯法，坚决依法惩处。他说："我是认真的。我处在党和国家领导人的位置，考虑的只能是党、国家和人民的利益，决不容忍我的亲属违法乱纪。不管什么人，违纪就要严格执行纪律；违法就要坚决依法惩处，决不能姑息。"看到这几封"家书"，一个优秀共产党员的光辉形象跃然纸上，使我们每一个人不能不感佩，不为之动情。

家是什么？就是自己的妻子儿女、父母兄弟。一个党的领导干部要做好工作，考虑的只能是党、国家和人民的利益，除管好自己所负责的大家以外，首要的就是要管好自己的小家。古人云："妻贤而夫贵，子贤而家兴"。一个家庭，如果妻子不贤、儿女不孝，这个家即使兴旺一时，也不可能兴盛长久，最终也是会败落的。这样的例子真是太多了。古代的我们先不要说，就以最近这些年发生的大大小小的贪污受贿案件来说，很多关涉妻子儿女。一些人，为了自己小家的幸福，凭借手中的权利捞取个人的好处；一些人为了自家的富贵，不惜牺牲大家利益；一些人为了妻子儿女的升官发财，不惜使用各种非法手段……这些人从为自己的小家牟利谋权始，以损害"大家"的利益终。因此，管不好小家的人，是绝对管不好他所管辖的"大家"的。

吴官正在一封"家书"里写道："对亲属要严加管教，不要照顾，不能迁就，这是一个坚持公正、正义、刚直的领导干部应有的素质。"同时他还说："这对亲属也是爱护。"吴官正的话无疑说出了问题的实质。对亲属的严就是对家庭的爱，对亲属的严就是对人民的爱。历史上曾有过触詟说赵太后的故事，其中有两句话恐怕有初中以上学历的人都还记得："父母之爱子，则为之计深远"。人人都爱自己的子女，但要看如何爱。"人主之子也，骨肉之亲也，犹不能恃无功之尊，无劳之奉，而守金玉之重也，而况人臣乎？"是啊，人主之子都不能无功取尊，无劳取奉，我们党的领导干部子女何以可以"守金玉之重"？

现在领导干部普遍存在着最难过的"三关"：第一是家庭关，第二是金钱关，第三是美女关。从揭发出来的贪官来看，这"三关"基本都没有过好。尤其是第一关，一个也没有过好。而这一关却是最重要的一关，如何过不好这第一关，后面两关就更难了。因为后面两关正是家庭关的自然延续和延伸，更具诱惑力、颠覆性，其后就危险了。

奉劝我们的领导干部们，尤其是党员领导干部们，读读吴官正同志的这几封“家书”，深刻反省反省，严格要求自己，要求妻儿及亲属，不然那就真的很危险了。

## 中共前领导人“家书”公布　传递政治深意

**来源：中国网　作者：符永康**

北京媒体日前发表《吴官正家书一束》，较为罕见地公开了前中共中央政治局常委、中纪委书记吴官正写给其亲属及家乡官员的多封书信，内容透露出这位中共前领导人严于律己的往事，引起坊间热议。

而稍早前，中国老一辈领导人万里从严教子、“禁止家人打自己旗号”的清廉旧事也曾见诸报章。网上至今亦流传着原中共中央总书记胡耀邦通过家书教育儿子的轶闻。另外，中国共产党新闻网近日发布一篇介绍毛泽东致信亲友的文章，披露了当年毛拒绝亲友请托找工作等细节。

在当前中共加强反腐、相关措施屡有出台的背景下，这些信息的公开无疑有着积极的现实意义。长期以来，官方希望发挥典范效应，强化“权力的自我约束和克制”，为健全外部监督机制赢得时间。

据报道，退休后的原全国人大常委会委员长万里，虽然按规定可享受交通优先待遇，“但他却从不允许秘书或家人这样做，他说，北京的交通这么拥堵，不能再添乱。”对照现在一些地方官员外出时兴师动众的“大场面”，万里老人此举颇有教育意义。

而最近媒体披露的书信显示，吴官正 2006 年在一封“给弟弟及叔叔等家属的信”中写道：“刚得悉父亲大人逝世……丧事一切从简，决不能大操大办，决不要收受任何人的钱财，决不可劳烦当地政府。”对照当前少数官员动辄借婚事、丧事、节日等大肆敛财的乱象，吴官正的这种做法备受网民好评，也让人们看到中南海高层以身作则警示官场的努力。

近年来，中国官方通过各种评选活动，在地方政府和基层公务人员中推出了一批批模范人物，借以匡正党风、政风和社会风气，而前领导人书信的公开，则在中共领导干部中树立起典范，对于匡扶正气、反腐倡廉意义不同一般。

此次家书披露正值官方掀起新一轮“反腐风暴”，又逢年底容易滋生“节日腐败”的特殊时期，因而更能显示出书信内容的现实针对性。中共近期推出《党政主要领导干部和国有企业领导人员经济责任审计规定》、《关于实行党风廉政建设责任制的规定》两大新规，此时树立高层典范，客观上起到了为“反腐新政”吹风助力的效果。

而从国际视野观之，从罗斯福的“炉边谈话”，到温家宝总理的多次“网谈”，世界上不少国家的领导人都常常通过人性化方式向公众传递执政理念、人文精神，近期披露的领导人家书，再次让人们管窥中国领导人的真实生活与精神世界，也领略到此中传递的政治深意。

## 雅言：内心的真诚与文化的浸润

《论语》里说:“子所雅言。诗、书、执礼,皆雅言也。”雅言的深层含义是,“雅者,正也。”所谓“正”是说,一者,这是古今之通义;二者,修辞立其诚。从客观上说,语言的目标是真理。从主观上说,语言所表达的东西一定出自我们内心的真诚。

作者自身的语言特别洗练,干净,简短,朴素,言简意赅,耐人寻味。这是一种难得的风格和境界。这一语言风格,当然和作者本人的思想风格不开分:朴实、求实、唯实,核心就在一个“实”字上。同时,作者的思想风格和境界又与一切优秀传统文化的熏陶密不可分。他说:“历史知识、文学知识都是宝贵的文化遗产,古为今用,洋为中用,对我们进行精神文明建设、增加大家的知识,都是有好处的。”从作者本人的文章中,我们可以看到,作者自身就对作为宝贵文化遗产的历史知识、文学知识有着很深的体认和感悟。他说:“从某个侧面来讲,读《三国演义》,使人感受比较

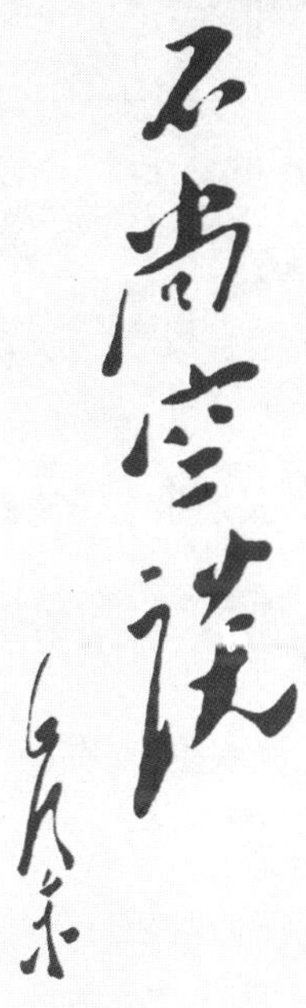

深的是一个'忠'字。""《水浒传》一百单八将个个舍生忘死,为的是'义'。""读《红楼梦》,万般滋味在'情'中"。没有多年浸润于传统文化,没有敏锐的眼光,很难会有如此精要的论断。作者曾在江西、山东等地主持过党政工作,在《要继承和发扬优良传统》、《文学艺术要反映时代风貌　弘扬民族精神》等工作讲话中,我们看到作者如数家珍般列举江西、山东历史上的文化名人及其主要文化贡献,忽而思接千载,忽而关注现实,文章中饱含着的那份对于红土地和齐鲁大地的深情,以及对于地方文化贡献的自豪感,足以感染每一个读者。

# 坚定信念 开拓前进

1990 年 2 月 16 日，这是吴官正同志在江西省银行行长会议上的讲话。

在困难面前，我们一些同志有畏难松劲等消极情绪，我想这不应该。记得有这么三句话：一句是“天无绝人之路”；第二句是“柳暗花明又一村”；还有一句是鲁迅先生讲的，“其实地上本没有路。走的人多了，也便成了路”。同样有困难，人家能过得去，难道唯独江西过不去？我才不相信！所以，对待困难不要过于忧愁，更不能悲观失望，怨天尤人。如果没有一个正确的态度，没有一个坚定的信念，没有克服困难的勇气，没有严格的要求，不开动脑筋想办法，困难就无法克服。一个共产党员，越有困难，越是要硬着头皮顶住，因为共产党员是用特殊材料做成的。越是有困难越是要把工作搞好，那才算真本事，方显英雄本色。如何克服当前困难，我想有这么几点：

一、人是要有点精神的

这话是毛主席说的。困难当前，人的精神是十分重要的。你们都看过《西游记》，里面有唐僧、孙悟空、沙和尚，还有个猪八戒。师徒 4 人在困难的时候，有个坚定的信念，就是上西域取经。正是因为有坚定信念。所以他们在去西域取经的道路上，尽管路途艰险，处处磨难，也有个别的动摇过（指猪八戒），内部也有过矛盾，但是，他们互相帮助，历尽千辛万苦，最后终于取回了真经。现在我们的环境、条件等比《西游记》中不知要强多少倍，既没有火焰山、盘丝洞，也不会碰到那些妖魔鬼怪。当然，你们也会遇到利益上的矛盾，银行与银行之间有时也会有些矛盾，有些摩擦，这并不奇怪，没有矛盾就没有世界。有了矛盾，人民银行和各专业银行一协调，不就解决了吗。这就是在克服困难中前进。今后，银行系统内部也好。外部也好，还会有这样或那样的情况出现，但大家的目标是一致的，都是为了江西经济、社会发展和人民生活的改善。因此，大家要团结协作，共渡难关。

二、要有不怕困难、开拓前进的勇气

当前资金困难，需要一股不怕困难、知难而进的勇气。大家都看过《西厢记》

吧，剧中孙飞虎围住了普救寺，那个张生（用现在的话讲）就召开群众大会，问谁能够把信送到白马将军杜确那里去，请救兵来解普救寺之围。当时有个叫惠明的，见义勇为，挺身而出，冒着危险冲出去了，到白马将军那里搬来了救兵。当前，资金很困难，需要我们大家当“惠明”。在座的不少人是共产党员，共产党员在困难的时候，要有克服困难，拚搏进取的精神，这一点十分重要。不能一天到晚打自己的小算盘，搞小圈子的利益，不为大局着想，这样，工作无论如何是搞不上去的。

三、我们都要做到忧国忧民，严格要求自己

湖南有座岳阳楼，《岳阳楼记》里面有这么几句话：“居庙堂之高则忧其民，处江湖之远则忧其君”，“进亦忧，退亦忧”，“先天下之忧而忧，后天下之乐而乐”。在座的同志们（包括我）是“居庙堂之高”的，要忧其民。你们的“民”是什么？是工业企业、交通企业、乡镇企业、农村和农民，你们要忧他们。我们相对北京而言，则是“处江湖之远”，要忧其君。“君”是什么？是党中央、国务院，国家有困难，我们应该忧。怎么忧呢？就是要维护中央权威，创造性地工作，用实际行动把江西的经济搞上去。经济稳定是政治稳定的基础。作为银行最迫切的任务是怎样把资金用好用活。这里面有许多工作要做。但是，你们要真正做到忧国忧民，首先就是要严格要求自己，加强制度建设，严格纪律，重视思想教育，树立全心全意为人民服务的思想和为基层服务的思想。听说银行里有的同志喜欢学习郑板桥的东西。郑板桥有的东西还蛮难学，一句是“吃亏是福”，我看我们有的同志就未必都能吃得亏。还有郑板桥的“一枝一叶总关情”。据说，郑板桥在山东当县令时，听到外面竹子“沙沙”作响，便联想到老百姓向他诉苦时的哭泣声，他写道“些小吾曹州县吏，一枝一叶总关情”。我们对企业、对人民群众的感情怎么样呢？古人尚且做到“一枝一叶总关情”，我们更应该做到。要大力推进廉政建设，建立健全规章制度，强调制度建设，没有制度或制度不完善，就容易造成有的人钻制度的空子，甚至毁掉人，就像《红楼梦》讲的“机关算尽太聪明，反误了卿卿性命”，一天到晚算怎样往自己口袋里装钱，结果把命都送了。这样的事有没有呢？你们系统也是有的，行业不正之风，也有人搞。一个人没有钱很难过，钱多了也发愁，你真的钱太多了，走在路上怕抢，放在家里怕偷，来路不正当又怕查。那多难受。要严肃纪律，我们银行这支队伍是很好的。人民银行、各专业银行和保险公司的领导同志都要严格要求自己，对同志要教育，这也是很好的爱护。同时一定要强调纪律，强调纪律就要扶正祛邪。连寺庙里都有个韦陀菩萨，拿着宝剑扶正祛邪，何况社会上的人呢？如果只像四大天王有“良好愿望、风调雨顺”，像弥勒菩萨一样，什么事都能容下去，逢人开口笑，能行吗？有些人违反了党的纪律，侵犯了国家和人民的利益，就应该不徇私情，严肃党纪法纪。三国中的诸葛亮都能挥泪斩马谡，而现在有的同志有时喜欢对下面的同志护短，打一下摸一下，那不行。没有严格的要求，不可能去忧国忧民。所以，希望你们重视纠正行业不正之风，注意对同志们的职业道德教育。

四、要千方百计想办法，战胜困难

我们有好的精神状态，有克服困难的勇气，又严格要求，忧国忧民，但总要拿出办法，没有办法不行。同志们都知道“三个‘臭皮匠’，抵个诸葛亮”。你们比“臭皮匠”高明得多，“臭皮匠”一般没有文化，你们都有文化，高级经济师、高级会计师、经济师、会计师还不少。你们又有实践经验，又有办法，只要你们有好的思想，就会“眉头一皱，计上心头”，那办法有的是。所以，我提几个实际问题，请同志们帮助出主意、想办法。例如：当前的“三角债”怎么办？现在社会上的“三角债”像篓子里的螃蟹，你扯着我，我扯着你，真是“剪不断、理还乱”。这个问题怎么解决，希望银行能拿出切实可行的办法。当前资金这么紧张，使用的效益也不尽合理，这也是需要解决的课题。我相信你们会为江西经济发展，为江西经济效益的提高，为江西人民生活的改善多作贡献。在这个前提下，改善你们的经营管理，提高自身经济效益，增加职工收入。

# 扁鹊三兄弟故事的启示

2005年8月5日，这是吴官正同志在纪检监察干部培训班上讲话的一部分。

我看到有位同志在《中国纪检监察报》上发表的文章，引述了《鹖冠子》一书中的故事:魏文王问名医扁鹊,你们家兄弟三人,到底哪一位医术最好呢?扁鹊回答，大哥最好，二哥次之，我最差。文王再问，那为什么你最出名呢?扁鹊说，我大哥治病，是治病于未发之前。一般人不知道他事先能铲除病因，所以他的名气无法传出去。我二哥治病，是治病于初起之时。一般人以为他只能治轻微的小病,所以他的名气只传于乡里。而我治病,是在病情严重之时,所以大家认为我的医术高明。这个故事说明扁鹊很谦虚，讲的是实话，也启发我们理解“良医治未病”的道理。反腐倡廉工作一定要加大预防力度，像扁鹊的大哥那样，治病于未发之前。发现同志有问题，要像扁鹊的二哥那样，治病于初起之时，与人为善，早打招呼，改了就好。对腐败分子，要像扁鹊那样，动手术，下猛药，务必严肃查处，坚决清除出党员队伍。要加强对干部的权力观教育，警惕权、钱、色的交易。要以改革的精神，加强体制机制制度创新，已定的制度，务必严格执行。要加强从决策到执行等各个环节的监督，保证人民赋予的权力用来为人民谋利益。要发扬党内民主，保障党员正确行使民主权利，逐步推行党务公开。制定规章制度要注意切实可行。有些同志出于好心，为反腐倡廉想了许多办法，有的可行，有的未必可行。比如登记包二奶、婚外情，傻子才会填这样的表。又比如对廉政账户议论颇多，不违反规定收钱不是更好吗?再比如将干部的父母、岳父母的生日登记在册，由专人负责，强制干部休假为父母过生日尽孝，这种做法不妥当。这类例子还有一些，我就不再列举了。制定规章制度要深入调查研究，重大问题要提请党委决定,因为党委是管全局的,站得高看得远。制定规章制度要把握适度。我们自己都难以做到的，不要作为纪律去要求别人。否则难以落实，还会给党组织添麻烦。比如,领导干部要严格要求家属和身边人员,不得纵容、包庇、支持他们利用其影响谋取私利，这是应该做到的。但如果要求领导干部管好亲属和身边人员，说说可以，作为纪律执行就很难做到。要认真贯彻执行党内监督条例和纪律处分条例，切实加强和改进巡视工作，省（区、市）派出巡视组的工作范围要逐步延伸到县（区、市、旗）一级，加强对县级领导班子特别是主要负责人的监督。全国有2800多个县（区、市、旗），贯彻中央精神，抓好基层党风建设，纠正不正之风，都离不开这一级组织。如果县委书记、县长出问题，影响很坏。省（区、市）委和组织部门重视配备德才兼备、形象好的人当这一级党政“一把手”，非常重要，我非常赞成。

## 发扬革命传统，争取改革开放的更大光荣

1987年11月27日，这是吴官正同志视察赣县时的谈话。

江西有几句话，我自己也常常讲，就是“发扬革命传统，争取更大光荣”、“人杰地灵，物华天宝”、“青山遮不住，毕竟东流去”。我相信，“发扬革命传统，争取更大光荣”，在我们赣县革命老根据地这块红色的土地上，一定能够取得更大的成绩，争取在改革、开放中取得更大光荣，争取在发展社会主义商品经济方面取得更大光荣。在我们江西这块红色的土地上，战争年代牺牲了那么多人，为中国革命做出了重大贡献。而我们现在又做得怎么样呢？我们现在讲争取更大的光荣，就是争取改革、开放中的更大光荣，争取发展商品经济中的更大光荣。所取得的成绩可以证明我们在发展商品经济中到底有多大的光荣。

再就是“人杰地灵，物华天宝”。人杰地灵，我们江西自古以来就这么说。在过去的革命战争年代，我们确实是人杰地灵，到处出将军。现在发展商品经济，我们到底富得怎么样？我们“人杰”，现在“杰”得怎么样？我们发展商品经济的本事怎么样？只有数字和成绩才好说话。人杰，就要重视人才；要地“灵”，就要充分利用现有的客观环境和条件，如怎么搞好农业资源的开发，怎么搞好地下资源的开发，怎样利用你的资源发展乡镇企业，所有这些问题，

都要很好考虑。物华天宝要开采，只放那里不行，只讲也不行，那只是诗人写的诗啊！要赋予其新的含义。

再就是“青山遮不住，毕竟东流去”，这是宋代大词人辛弃疾写的《菩萨蛮》中的名句。我看在改革、开放的大潮流中，尽管赣南山多，每人有8亩，这也是遮不住的，毕竟要东流去。流到哪里去？要流向两个三角洲去，流向港澳市场去。所以，要瞄准两个三角洲及港、澳市场，大力发展商品经济。

## 要继承和发扬优良传统

2007年3月12日，这是吴官正同志在看望江西全国人大代表时的讲话。

江西的历史曾经有过辉煌，江西的现在也很灿烂，江西的未来会更加美好。坚持社会主义核心价值体系，一个很重要的方面就是要弘扬以爱国主义为核心的民族精神。而弘扬民族精神，关键是要继承和发扬优良传统。对江西而言：

一要坚持改革。王安石是宋代著名的改革家，面对国家的积贫积弱，他两度为相，大力推行改革。他写了不少名诗，如“不畏浮云遮望眼，自缘身在最高层”，意思是，看问题一定要站得高，不要目光短浅，要着眼全局，谋划长远；再如“千门万户曈曈日，总把新桃换旧符”，体现了他的改革思想和精神，当时改革的阻力很大，也很艰难。江西这些年能取得这样的好成绩，就是因为坚持改革开放，为发展不断提供动力。就像朱熹写的“问渠那得清如许，为有源头活水来”。我们党在指导思想上坚持与时俱进，用发展着的马克思主义指导实践，所以我们的事业充满生机和活力。

二要廉洁从政。江西出过许多廉官。昆剧《十五贯》，反映的就是况钟为民、清廉的事迹，他是江西靖安人，在苏州为官，至今人民还怀念他。还有陶侃，是东晋著名的政治家、军事家。他在浔阳当主管渔业生产的小吏时，有一次带一罐糟鱼孝敬母亲，他母亲问，这是怎么来的？听陶侃讲后，她说，你拿回去，否则我会为你担忧，睡不着觉。还有一次，陶侃带同事路过家里，时值冰雪积日，无以待客，他母亲割发买米做饭招待，看见客人的马饿了，她就用自己床上铺的稻草喂马。陶侃的同事很感动，说你有这样伟大的母亲，你会成为大有作为的人。陶母“封坛退鱼”、“截发延宾”的清廉美名流传至今。欧阳修、曾巩、王安石等对自己要求也很严格。我们共产党人更应严格要求，努力做到“为民、务实、清廉”。包拯和欧阳修先后任开封知府，包拯任职时间不长，他主张严厉惩处；欧阳修上任后，对政策作了些调整，用我们现在的话说，是注意惩防并举、综合治理，保持了开封的社会稳定，减少了案件的发生。我们现在开展反腐败斗争，要在坚决惩处腐败的同时，进一步加大有效预防腐败的力度。

三要有浩然正气。前些年开展“三讲”教育，其中有一条就是讲正气。讲到这一条，大家都不会忘记文天祥，他的《正气歌》和“人生自古谁无死，留取丹心照汗青”的名句，至今为人们传诵。江西有很多有骨气的人，如“不为五斗米折腰”的陶渊明，还有江万里，都昌人，做过宋朝宰相，南宋灭亡之时，举家投塘，誓死不降。革命烈士方志敏说，我能舍弃一切，但不能舍弃党、舍弃阶级、舍弃人民。他牺牲时年仅 36 岁。我们应牢记江泽民同志关于“讲正气是中华民族也是我们党的一个优良传统”，“我们党的宗旨是全心全意为人民服务，这就是全党同志首先是各级领导干部必须树立和发扬的最大正气”的教导，要树正气，正党风。

四要有真才实学。我们不比别人聪明，但也决不比别人笨。江西自古人才辈出，不仅出政治家、军事家、文学家、历史学家、诗人，还出科学家、画家、书法家。宋代有“四洪”，洪皓和他的三个儿子洪适、洪遵、洪迈，都做过大官，也很有学问。洪迈写的《容斋随笔》，非常有名，堪称为《资治通鉴》的补充，也是毛主席随身携带、经常参阅的书。“唐宋八大家”，江西有三家：欧阳修、曾巩、王安石。波阳人姜夔、吉水人杨万里的诗词都很有名气，还有著名的《平园续稿》的作者周必大，是吉安人。临川人汤显祖，他的“临川四梦”在中国戏剧史上具有很高地位，被称为“东方的莎士比亚”。大科学家有宋应星，奉新人，他写的《天工开物》，是中国古代的科学巨著；黄家驷，玉山人，是大医学家；吴有训，高安人，是著名物理学家，发现了吴有训—

康普顿效应；袁隆平，德安人，是“杂交水稻之父”，为解决中国吃饭问题做出重大贡献。大画家有八大山人、傅抱石，书法家有黄庭坚、舒同等。现代出了一大批革命家、军事家。还有景德镇的陶瓷，享誉中外，其中有许多出类拔萃的人才。因此，我们应当有自信心，我们没有任何理由骄傲自满，也没有任何理由妄自菲薄。当然，要加强学习，谦虚谨慎。宋代晏氏父子，晏殊、晏几道，都是大词人。传说有一次晏殊写了“无可奈何花落去”，下句怎么也想不出来，有位江苏名人补了一句“似曾相识燕归来”，成为千古名句。王安石的名句“春风又绿江南岸，明月何时照我还”，其中这个“绿”字，改了十几遍才写出来。明朝的解缙，是吉安人，他写的“墙上芦苇，头重脚轻根底浅；山间竹笋，嘴尖皮厚腹中空”，是讽刺那些“随风倒”的“墙头草”和耍嘴皮、厚脸皮、无才学的人的。毛主席曾引用来教育全党同志，要坚定理想信念，站稳政治立场，刻苦学习，艰苦奋斗，扎扎实实做好工作。

一个人要做到虚怀若谷、能容人容物不容易，有时人家的好话也不一定都能听得进。曾巩是王安石的老乡，也是他考进士时的主考人，曾巩看到王安石的文章写得很好，但很尖刻。王安石上门求教，曾巩什么也不想说，只送了他一句话：能容于物，物能容矣。但王安石没有听进去。他刚愎自用，树敌过多。最后王安石死在南京的半山堂，死前还讲，我现在才明白恩师对我的教导。江西有座庙里的和尚有的很有学识，但比较清高，“有心访僧来莲社，无意送客过虎溪”。历史是一面镜子，我们有时也得照一照，做人做事，既要有自信心，又要谦虚谨慎，要向周总理学习，活到老，学到老，改造到老。

江西山好水好人更好。江西的山水养人，是成就人的地方。古往今来无论是当官的、革命的、干实业的，还是“游山玩水”的，许多“进口老表”都在江西成就了一番事业。狄仁杰在彭泽当过县令，刚正不阿，断案出名；海瑞当过兴国县令，为官清廉，重视办学。白居易被贬为江州司马，写了脍炙人口的《琵琶行》。阎伯屿任洪州都督，修葺滕王阁，请唐初“四杰”中的王勃留下千古名篇《滕王阁序》。毛泽东、朱德、刘少奇、周恩来、邓小平都曾在江西干革命，打天下，星星之火，可以燎原；陈毅在赣南坚持三年游击战争，艰苦卓绝，写下梅岭三章。李白、辛弃疾、苏东坡等都在江西写下许多名篇。比如，李白的“飞流直下三千尺，疑是银河落九天”；辛弃疾的“青山遮不住，毕竟东流去”；苏东坡的“不识庐山真面目，只缘身在此山中”，都是千古绝唱。连宋江也是被发配江州，因在浔阳楼上题反诗，逼上梁山，当了头头。现在的中国佛教协会会长一诚法师，也是个人才，很有功德。他就曾经在永修的云居寺和靖安的宝丰寺当过住持。我们党内有个规矩，干部要交流。我看，这对一个地方的发展，对干部本人都有好处。相信大家一定会一如既往地支持省委、省政府的工作，在建柱和新雄同志的带领下，“今年花胜去年红”，江西的未来一定会更加繁华似锦。

# 文学艺术要反映时代风貌　弘扬民族精神

2002 年 5 月 13—14 日，这是根据吴官正同志在山东省文联、作协和文艺院团调研时几次谈话整理而成的。

现在有一种现象值得警惕和关注，就是文艺的庸俗化倾向。在电视屏幕、互联网和一些报刊中，有一些格调低下、粗制滥造的东西，有的甚至渲染消极、颓废、没落的思想意识。这些东西败坏人们健康的审美情趣，侵害青少年的纯洁心灵，我们必须高度关注，认真对待，坚决抵制。在新的历史条件下，文艺要贴近大众、面向市场，但决不能迎合低俗，制造文化垃圾。作家、艺术家是人类灵魂的工程师，要有强烈的社会责任感，把高品位、高质量的精神食粮奉献给人民。党委、政府要坚持一手抓繁荣，一手抓管理，扶优抑劣，净化文化市场。有关部门和社会各方面都要努力扶持和培育高雅艺术，完善“文企联姻”等合作方式，加强对优秀传统艺术的保护，表彰奖励有成就的作家、艺术家，促进我省文艺事业沿着先进文化的前进方向健康发展。

伟大的时代必然产生伟大的作品。古今中外的传世名作，都是那个时代的人民心灵呼唤和进步要求的反映，都是文艺家的思想感情、创作灵感与时代精神相融合的结晶。任何先进文化都是与时俱进的文化，都反映着时代的精神、时代的活力、时代的内容、时代的审美要求。听一支乐曲，赏一幅书画，诵一首诗歌，读一部小说，就能把我们带进一个特定的历史时代。从我国秦汉以前的诗经、楚辞，到汉赋、唐诗、宋词、元曲以及明清小说，从古希腊史诗，到欧洲文艺复兴以及18、19世纪浪漫主义和现实主义作品，都是社会进步的反映，时代精神的火炬。春秋战国之交，社会剧烈变革，带来了生产力的蓬勃发展，意识形态的百家争鸣，文学艺术的辉煌灿烂，产生了《论语》、《孟子》、《庄子》、《荀子》、《韩非子》等名篇，产生了屈原等伟大作家。汉代的辞赋，特别是“乐府”民歌，“感于哀乐，缘事而发”，生动反映了那个时代人民的思想感情，倾诉了人民的爱憎和愿望。唐朝是一个非常开放的时代，文化交流空前活跃，中国传统的文学、音乐、舞蹈、绘画、雕塑等各个艺术领域，都受到外来文化的深刻影响，尤其是诗歌创作达到了顶峰，产生了李白、杜甫、白居易等伟大诗人。宋代的文学艺术没有西汉或盛唐时的开阔恢宏，也是与当时的政治形势有关的。但宋词在思想意蕴和语言形式上达到非常完美的境界。元杂剧的形成，既是历史上各种表演艺术发展的结果，也是时代的产物，中下层文人与民间艺人的结合，促成了元杂剧的兴盛。《窦娥冤》、《西厢记》、《赵氏孤儿》等就是代表。明清和近代小说的繁荣，也是与城市工商业的发展及文化思想上的种种变化分不开的。古代如此，现代也是这样。“五四”时代是中国历史上又一个剧烈变革的时代，各种思想文化相互激荡。反帝反封建的新文化运动，催生了现代文学艺术，产生了鲁迅、郭沫若、茅盾等新文学巨匠。

我们正处在一个伟大的时代。科学技术日新月异，经济全球化趋势加快，各种思想文化相互渗透。新中国成立五十多年特别是改革开放二十多年来，我国的生产力加速发展，经济社会日益多样化。现实生活空前丰富多彩，作家、艺术家创作天地空前广阔，表现手段空前先进，艺术形式更加多样。处在这样的时代，我们的作家、艺术家应当加倍努力，创作出无愧于时代的优秀作品。艺术创造是非常艰苦的劳动，要有执著的追求和超常的毅力。杜甫“为人性僻耽佳句，语不惊人死不休”。曹雪芹的《红楼梦》“批阅十载，增删五次”，“字字看来皆是血”。当代作家、艺术家应当有“衣带渐宽终不悔，为伊消得人憔悴”的精神。党委、政府要关心作家、艺术家的工作和生活，全社会都要尊重他们的创造性劳动。广大文艺工作者要深入生活，贴近现实，体验人民群众的喜怒哀乐，不断向艺术的深度和广度开掘。

江泽民同志深刻指出，“一个民族，没有振奋的民族精神，没有高尚的民族品格，没有坚定的民族志向，不可能自立于世界先进民族之林”。振奋民族精神的一个重要方面，是发展民族文化，保持民族文化的特色和个性。任何一个民族的自尊、自信和自豪，都源自本民族深厚灿烂的文化。有特色有个性的民族文化，是一个民族的灵魂。失去了文化的特色和个性，也就意味着失去了民族精神。要古为今用，洋为中用，推陈出新，实现民族文化的与时俱进。

中国古代文学名著蕴涵着深厚的民族精神，应当根据时代的要求发掘其新的内涵。从某个侧面来讲，读《三国演义》，使人感受比较深的是一个“忠”字。当然，那时的“忠”主要是“忠君”。现在我们也讲“忠”，指的是忠于祖国、忠于人民，共产党员对党要忠诚。《水浒传》一百单八将个个舍生忘死，为的是“义”。现在要讲民族大义，对人民群众要有情有义，对同志、对朋友、对合作伙伴也要讲情义、讲诚信。读《红楼梦》，万般滋味在“情”中，情牵梦绕，寓意隽永，从人际关系上透彻剖析了封建社会。《西游记》人物身上所表现出来的百折不挠、敢于斗争的精神，感人至深。《聊斋志异》通过人鬼神妖、真幻之间的生活画面反映现实矛盾，表现了对真善美的渴望。对古典名著思想内容的理解可能会各不相同，但有一点是共同的，就是应当从这些名著中，受到启示和教育，张扬民族个性。现在有一个问题值得重视，就是如何对青少年进行民族文化艺术的教育和熏陶，培养他们的民族精神、民族骨气，不让他们盲目追随西方文化和流行文化。对优秀的民族文化，如传统戏曲等，既要加以保护，不能让它失传，同时也要随着时代的发展不断创新，吸引更多的观众特别是青少年观众。

发展民族文化还有个地域特色问题。齐鲁文化底蕴丰厚，源远流长，是中华文化的重要组成部分。山东历来是人文荟萃之地。古代有孔子、孟子、孙子、王羲之、辛弃疾、李清照、蒲松龄等，在历史的长廊中有数不尽的齐鲁名士。现代的王统照、李苦禅、臧克家、季羡林、贺敬之、乔羽、谷建芬等文化名人也出自山东。古代文艺理论巨著《文心雕龙》,是山东人刘勰所作,戏剧名篇《桃花扇》的作者孔尚任也是山东人。当代作家、艺术家应当无愧于先人，进一步发扬齐鲁文化，创作出更多具有齐鲁风格、齐鲁气派的精品佳作。吕剧是山东的代表剧种，柳子戏比较古老。要振兴这些剧种，就要注意吸收和借鉴其他艺术形式的精华。比如越剧的服装，京剧的表演，等等，各种艺术形式之间可以相互借鉴，给人以美的享受。文艺创作要注重广泛的群众性，努力反映人民群众的理想愿望和审美要求，满足不同层次的需要。脱离大众、脱离生活的艺术，矫揉造作、无病呻吟的作品，不会有生命力。要从人民群众的伟大实践和丰富多彩的生活中汲取营养，不断进行生活积累和艺术积累。文艺作品要有思想性、艺术性，也要有观赏性，为广大群众所喜闻乐见。相信通过广大文艺工作者的辛勤劳动，山东文学艺术蓬勃繁荣、争奇斗艳的新景象一定会展现在我们面前。

## 严格执行廉洁自律五条规定

2005年3月7日，这是吴官正同志在参加十届全国人大三次会议黑龙江代表团全体会议讨论时的讲话。

中央要求，在坚决惩治腐败的同时，要加大预防腐败的力度，通过采取必要的措施，使我们的干部不犯或少犯错误。针对当前实际，今年中央对领导干部廉洁自律规定了五条，我们要认真落实好。

第一，对领导干部违反规定收送现金、有价证券和支付凭证的，按照组织程序一律先免职，再按照有关规定处理。毛主席说过，世界上没有无缘无故的爱，也没有无缘无故的恨。那些给领导干部送钱的人是有企图的，他看中的是你手中的权力和影响，目的是利用你捞取更大的好处。有的人嘴上说得好听，但他给谁送了钱后都一一作了记录，事情一旦败露，为了解脱自己就全部交代出来。所以，送钱就是送毒品，就是要把你送进班房，并不是对你有什么感情。如果真讲感情，为什么不把钱送给那些生活困难的老百姓?

去年以来，黑龙江省委对这个问题抓得是紧的。希望各级党组织加强对党员干部的教育，把这个问题解决好。

第二，对“跑官要官”的，要批评教育，不能提拔重用，在重要岗位上的要予以调整，已得到提拔的要坚决撤下来。吏治的问题非常重要。事实说明，如果职位不是踏踏实实地干出来的，而是靠“跑”、“要”、“买”来的，不仅可耻，而且早晚会栽跟头，付出沉重代价。这一点，同志们务必要引起重视。

第三，放任、纵容配偶、子女及其配偶和身边工作人员利用领导干部职权和职务影响经商办企业或从事中介活动谋取非法利益的，要辞去现任职务或者由组织责令辞职，并按照规定给予纪律处分。送钱的人，一般不直接送给领导干部，不少都是送给配偶、子女。一些领导干部受到查处，很多也都是他们的配偶、子女交代出来的。他们的子女平时养尊处优，吃不了苦，一抓起来就把他的爸爸妈妈如何受贿的都交代出来了。目前我们查处的领导干部中，很多同配偶、子女的严重问题有关，教训十分深刻，务必引以为戒。

第四，参加赌博的，应予以免职，再依据规定处理；到国（境）外赌博的，要从严惩处。去年我们国家的周边，开了一百多个赌场，去参赌的，有不少是党政干部。他们哪来这么多钱？不是受贿来的，就是贪污挪用的公款。还有的人把赌博当成变相行贿的手段，故意一次几千、上万元地输给领导干部，企图掩盖以权谋私、权钱交易的勾当。党员领导干部赌博，严重败坏党风和社会风气，有的还引发社会治安事件，影响极坏。对参与赌博的，务必从严处理。

第五，不得利用婚丧嫁娶等事宜收钱敛财，发现的要严肃查处。有的人利用婚丧嫁娶、逢年过节等机会给领导干部送钱，而有的领导干部则乘机大肆收钱敛财。这看起来似乎是人情往来，实质上是违反规定收受礼金，甚至是受贿行为。对这个问题一定要高度重视。

这五条，都与钱、与权有关。有的人想不开，总是想着法子捞钱。没有钱的日子确实很难过，但收了来路不正的钱也很难受。要那么多钱干什么？！给子女搞那么多钱干什么？！子女有本事，用不着你给他搞钱；子女没本事，你搞了钱是害了他。

对违反规定的，我们为什么要拿掉他的权，免掉他的职？有的人手里有权力，神气得很。人家送钱给他，就是看中他手中的权力。把他的权力拿掉了，看他还凭什么收钱，看还有谁把钱送给他？对违反五条规定的，就是要坚决进行组织处理，先把他的“帽子”拿掉。没有了“帽子”，我看他干什么都不行。叫他去种地，他吃不了苦；叫他当工人，他不懂技术；叫他做生意，他没这个本事；叫他看仓库，他又觉得没有面子。同志们，一定要想清楚啊！

前些年，中央纪委制定了领导干部廉洁自律88个“不准”的规定。去年，中央纪委第三次全会把它概括和整合为“四大纪律八项要求”，便于广大党员干部记忆和遵守。去年下半年以来，按照中央主要领导同志的要求，经过广泛的调研，中央纪委提出了刚才讲的五条规定，作为对领导干部廉洁自律的基本要求。

当然，要完全解决腐败问题也不容易。只要人有欲望，只要存在公共权力，就可能会产生腐败。我们知道小孩子出生的时候，旁边的人都在笑，他却在那里号啕大哭，把两只手攥得紧紧的，像是一只手要抓钱，一只手要抓权。但到了死的时候，又完全不一样了，给他送行的人都在哭，他的眼睛、嘴巴都闭得紧紧的，两只手却是散开的，好像在说，我走了，我什么也不要了。虽然人没有欲望是不可能的，但只要广大党员干部心地清净，自觉遵守各项规定，风气一定能够好起来，把腐败减少到最低程度，是完全可能的。

## 言者谆谆：青年与未来

邓小平曾强调选拔培养中青年干部、实现干部年轻化是个“战略问题”，是“决定我们命运的问题”；还曾语重心长地说：“同志们回想一下，我们中间许多人当大干部、做大事，开始的时候还不是二三十岁？应该承认，现在一些中青年同志的知识，比我们那个时候并不少。经过的斗争考验少一点，领导经验少一点，这是客观条件造成的。不在其位，不谋其政嘛。放在那个位置上，他们就会逐步得到提高。”同样，在作者看来，在新的历史时期，源源不断地培养大批优秀年轻干部是关系党和国家事业的根本大计。作者在讲话和报告中特意列举了古往今来许多在青年时代就创造出不凡业绩的伟人事迹，藉以说明一个人在青年时代最有热情、最有创造性。

作者对提拔使用年轻干部的思想顾虑予以回应，强调要辩证看待，正确使用，即对待年轻干部也要用人之长，培养锻炼以弥补其短。干部年轻化的本质是“尊重知识、尊重人才”，这是作者干部年轻化思想的要义之一。

郑板桥

《衙斋听竹》图题跋：

衙斋卧听萧萧竹，疑是民间疾苦声。

些小吾曹州县吏，一枝一叶总关情。

《托根乱岩》图题跋：

咬定青山不放松，立根原在乱岩中。

千磨万击还坚劲，任尔东西南北风。

更为深刻的是，作者看到人才尤其是政治人才培养的艰巨性。处理和应对政治事务需要的不是教条，而是强烈的责任意识和丰富的经验。没有德性，没有对于自己所从事的事业的责任感，一个政治家就很可能要犯错误。而德性、对待政治事务的敏锐感、处理政治事务的责任感等等，都是在长期实践中养成的。作者在和年轻干部谈话时所展示出来的言者谆谆的一面，其中包含着无限深情，既是对年轻人的殷殷期望所致，也是因为政治从业者肩上所承担的不仅仅是一个人的职责，更是关系人民幸福和民族前途的道义。

在给青年大学生的两封信中，时任江西省省长的他自称“一个读了21年书的老学生”、“当了21年学生的老夫”，字里行间洋溢着与青年平等谈心、把心交给对方的长者风范；在任中央政治局委员、山东省委书记时，他更是亲自为大学生作形势报告，这些都反映出一个党的高级领导干部对于青年人才的特有关注和真切期望。

# 竹与柳的联想

1996年5月22日，这是吴官正同志在江西省第三期组织部门领导干部轮训班上的讲话。

井冈山环境优美，空气清新，竹木茂盛，生机盎然。我每次上井冈山，看到这里的竹子，都会产生许多联想。希望同志们在散步时，仔细看看这里的竹子，一定会从中受到启示。

你们看，竹子咬定青山不放松，任尔东西南北风，是那样坚定不移。看到竹子，我们就会联想到，在政治上一定要忠于党，忠于人民，忠于祖国，不管国际国内形势发生什么变化，都要坚信马克思主义，都要坚决维护以江泽民同志为核心的党中央的权威，坚决与以江泽民同志为核心的党中央保持高度一致。

你们听，竹子的枝叶常常发出萧萧声，那是人民的心声啊！看到竹子，我们就会联想到，作为党的干部，任何时候都要关心人民的疾苦，想群众之所想，急群众之所急，全心全意为人民服务，对人民有深厚的感情，“一枝一叶总关情”。

你们看到过竹子开花吗？据说竹子开花后就会枯死。它是“我自不开花，免撩蜂与蝶”。看到竹子，我们就会联想到，在任何情况下都要严格要求自己，洁身自好，廉洁奉公。在灯红酒绿、金钱美色面前毫不动心，像竹子一样，任何金钱、美色撩不动，永远保持共产党员的光荣本色。

你们看，竹子长得很高吧，但里面却是空的。看到竹子，我们就会联想到，要努力学习马列主义、毛泽东思想，特别是邓小平建设有中国特色社会主义理论。还要学习商品经济知识，学习现代科学技术，学点历史知识。要深入实际，深入群众，虚心向人民群众学习。“学习，学习，再学习”，像竹子那样“长到凌空仍虚心”。

同志们，你们都很年轻，这次选调来的同志大的才33岁，小的才20岁出头。我相信你们会像竹子那样“出土有节”，有骨气，有节气，绝不像解缙老表描写的笋，“嘴尖皮厚腹中空”。

你们是做组织工作的，我想你们最重要的工作是为党的事业发现人才，培养人才，用好人才，特别是重视德才兼备的优秀年轻干部、妇女干部和党外干部的选拔、培养和任用。我希望你们像二月的春风那样，把革命的嫩叶裁剪出来。

最后，赠一首杨巨源写的诗给你们，这也是对你们的希望：

诗家清景在新春，绿柳才黄半未匀；

若待上林花似锦，出门俱是看花人。

我相信那些优秀年轻的人才，像柳树刚发出未匀的黄芽时，就会被你们发现。一大批优秀的人才将在改革开放的实践中锻炼成长，与广大人民群众一起，把我们可爱的江西建设得更好，把我们建设有中国特色社会主义的宏伟大业不断推向前进。

## 年轻干部要经受住长期考验

2000 年 6 月 17 日，这是吴官正同志在年轻干部岗前培训班开学典礼上的讲话。

这次推荐选拔干部工作，我认为是公正的。我原来的秘书也参加了这次考试，总分比第三名只差了零点二分，落选了。他参加考试的时候外面就有人讲，那只是做个样子，走个过场，事实作了回答。你们在座的有哪几个是领导干部的亲属？几乎没有吧。领导干部身边的人、领导干部的亲属也有很多优秀的，关键是要公平、公正。你们这 199 名干部是优秀年轻干部的一部分。我最大的一个希望就是，你们中间能够涌现出一些真正出类拔萃的，能够在各行各业作出突出贡献的。希望你们中间没有垮下来被淘汰的。站住脚的最重要的一条，就是严格要求，廉洁奉公。廉洁是非常重要的，如果不廉洁，组织上是不会信任的。你们现在还没有发现什么问题，有问题是不会用的，再有本事也不行，老百姓也不会信任。关键是能否经受住长期的考验。要廉洁奉公，在权力、金钱和美色方面不要犯错误。一定要为党、为人民、为我们山东多作贡献。

在权力的问题上，同志们要淡泊一点。你们要努力工作，接受组织的选择。这很重要。你们下去，不会一帆风顺的。有些同志到县里去、到市里去、到地区去，许多比你们职务低的干部，年龄上可以当你们的长辈。年轻人当干部，当大了蛮难受啊！因为中国社会有尊重老人的习惯。权力是双刃剑，你们一定要慎重，要努力工作。你们下去这批干部，省委组织部会跟踪考察的。在金钱问题上同样如此。不要去想那个钱。我现在拿的钱相当于20年前的40倍，我想20年以后，你们每个人如果长20倍工资的话，算一算一年也会有20万。你现在存1万块钱，到20年后还算什么？地方好了，国家好了，工资也会增加，会好的，不要在这方面贪。第三，就是注意生活作风问题。我给组织部讲了，安排工作时不要离家太远了，可以经常回来。但不要在自己和爱人的原籍工作，这可以避免许多麻烦。总的说，在权、钱、色上要谨慎，对自己要求要严格，树立好的形象。

第二，你们大事要清楚，小事也要谨慎，不要大大咧咧，首先要管好自己的嘴。嘴巴主要有两个功能，一个是吃东西，一个是讲话。吃东西，中午不要喝酒，晚上一般要少喝酒。同志们很年轻，到一个岗位去，人家都看着你，是看你有没有真本事，看你严格不严格要求自己。只不过客客气气对待你。工作时间不要喝酒，否则形象不好。再一点，如有亲友去看望你，不要在招待所请客。你们要管好嘴巴，不要吃那么好，吃饱就行。学习期间更不要出去吃喝，党校生活不错，出去吃喝有什么意思？第二不要乱说话，你们都是知识分子，知识水平蛮高，有的人口才特别好。你们下去后，不要觉得自己有点知识，就夸夸其谈。不要怕人家讲你没有水平。我对我的嘴巴不满意，吃东西偏食，讲话别人听不太懂。我对我的眼睛也不满意，选干部有时看不准，主要靠组织。我对我的耳朵也不满意，有时偏听偏信。不要自以为是，也不要自以为非。你们要严格要求自己。要记住，最怕的不是怕困难，最怕的是你们不怕你们自己。人家是打不倒你的，不要自己把自己打倒了。人有个共同的弱点，就是难以约束自己，希望大家严格要求自己。你们一定要为自己争气，为共产党争光，下去干一番事业。你们不是去镀金，要好好工作，虚心学习。不要自以为懂得很多,还有许多同志缺乏实践经验,所以要向书本学、向当地的干部学,还要向群众学。学习的任务很重,要挤时间学习。要好好工作,一是要扎扎实实。你们都是副书记、副县长、副市长,还有副厅长,省委给你们一个位子,中央给了你们一个好政策,到底能不能干好,就看你们自己了。“天高任鸟飞,海阔凭鱼跃”。希望同志们扎扎实实、创造性地工作,要开拓,工作要大胆。工作难免犯错误,但不要违法乱纪,不犯权、钱、色方面的错误。工作要少犯错误,一旦犯了错误,改了就好。你们这199人,不算多,也不算少,年轻干部充满活力,你们一定要把工作干好,干一行,爱一行,专一行。这次是省委在干部人事制度改革方面迈出的重要一步,这是按中央精神办的,希望你们争气、争光,为你们年轻的、更年轻的一代健康成长,作个榜样。如果你们干得出色,上下反映都好,我看今后选拔年轻干部的力度还可以加大。

这次选拔干部是不拘一格的,有高等院校的,有科研院所的,有县委党校的,有党委、政府机关的,还有人大机关的,也有共青团的干部、妇女干部、非党干部,几乎各行各业都有,说明山东有人才。就是要提供一个舞台,一个机会,让人才辈出。这里引三句话,第一句引用龚自珍的话,“我劝天公重抖擞,不拘一格降人才”;第二句引郑板桥的话,“千磨万击还坚劲,任尔东西南北风”;第三句引朱熹的话,“等闲识得东风面,万紫千红总是春”。现在毕竟走出了一步,你们一定要把工作做好,给了你们这样一个舞台,一定要珍惜。

到基层去,会带来些家庭方面的困难,孩子还小,请爱人多支持一下,不要放松对小孩子的教育。有困难要克服,如确实生活有困难,给我们写信,组织上帮你解决,无论如何对自己要求要严格,决不能做出格的事。希望每一个人都不要犯廉政方面的错误,这是完全可以做得到的。

总之,一要坚定信念,二要严格要求,三要搞好工作。我相信,你们一定会干好。山东大有希望。调整优化经济结构,重要是调整干部结构,干部结构调整好了,山东的经济结构才能调整得更好。现在讲要重用人才,也要重用党政领导干部人才。因为党政干部德才兼备非常重要,如果武大郎开店,比我高的都不要,那还有希望吗?

# 致青年大学生的两封信

**1987 年 1 月 6 日，给江西某大学一个寝室全体同学的信**

同学们新年好！

我接到不少贺卡，但使我感动的是你们的祝贺。

我希望你们要坚持德才兼备，不要落俗套，保持清醒的头脑，有德无才的人干不了大事，有才无德的人只会干坏事，这是我作为一个读了 21 年书的老学生对同学们的忠告。

江西还不发达，希望同学们多作贡献。送两句话：

“须信春风无远近，维舟处处有花开”。

**1989 年 4 月 26 日，给江西某校一位大学生的回信**

您的来信收到，却因太忙，我无法抽身来您班，容后有时间，欢迎您来我办公室叙谈。

党政机关总的来说是廉洁的，但确有一些人表现不好，省委和省政府正在采取严厉的措施。当前社会治安、通货膨胀、分配不公的问题，也正在治理，但要一段时间。只要大家齐心协力，顾全大局，保持安定的社会环境，发扬艰苦奋斗精神，任何困难都是可以克服的。

我是当了 21 年学生的老夫，出生在一个贫困农民的家庭，是党和人民培养了我，因此，不管学习还是工作我一贯都是努力的。我总是想，一个人应“未出土时先有节，长到凌空仍虚心”，对人民要“一枝一叶总关情”。我希望这些心里话对您有点帮助。

# 当代青年要在现代化建设实践中建功立业

2002年9月22日，这是吴官正同志为大学生作形势报告的一部分。

改革开放和现代化建设的伟大实践，为当代青年展示才华、实现志向，提供了广阔的舞台。大学生是青年人中接受高等教育、掌握专门知识的优秀群体。从高校大门走出的一批又一批优秀青年知识分子，已经和正在成为各行各业的骨干力量。在党政机关，许多年纪轻、文化高、德才兼备的优秀人才被选拔到各级领导岗位。在科技界，年富力强的中青年走在前沿。我省去年新当选院士山东大学的张运、省医科院的谢立信，都才50岁左右。在企业界，一批优秀的企业家大都是恢复高考以后毕业的大学生。在教育界，挑教学和科研大梁的，也主要是中青年教师。随着干部人事制度改革的推进，人才成长进步的机会越来越公平，机制越来越灵活，天地也越来越广阔。执政党的一项重要职责就是维护社会公正，让每个社会成员凭德才、凭贡献而不是凭别的，赢得社会承认，创造美好生活。

对青年人特别是大学生来说，关键在于努力提高自己的综合素质。首先要坚定理想信念。成大业者必先立大志。青年人最富有理想，也是世界观、人生观、价值观形成的关键时期。在大学时代树立崇高的理想信念，对一生都非常重要。当代青年要为实现祖国的现代化、实现中华民族的伟大复兴而不懈奋斗。青年人有活力，有激情，最少保守思想，最具创新潜能。古往今来许多杰出人物，在风华正茂时就创造出了不平凡的业绩。马克思、恩格斯发表《共产党宣言》时分别是30岁和28岁。毛泽东参加第一次党代会时28岁，新中国成立时只有56岁。哥白尼38岁提出日心说，牛顿22岁发明微积分。爱迪生发明留声机时29岁，发明电灯时31岁。贝尔发明电话时29岁。居里夫人发现镭、钍、钋三种元素的放射性时也才31岁。普朗克提出量子假说时42岁，并因此获诺贝尔奖。爱因斯坦提出狭义相对论时26岁，提出广义相对论时37岁。美籍华裔科学家李政道、杨振宁发现弱相互作用下宇称不守恒定律时分别是30岁和34岁。历史上贾谊、王勃、李贺等文人学士，也都是在青春年少时就写下不朽篇章，确立了在文学史上的地位。要取得成功，就要努力奋斗。从现在做起，从学习开始，加快充实自己，努力掌握真才实学，在术业有专攻的基础上，拓宽知识面，并且把学习和思考结合起来，不断提高分析和解决问题的能力。作为学生,要尊重师长,这是我们中华民族的好传统。要加强品德修养，养成良好的学习、工作、生活习惯，做到品学兼优。

前段时间，我同齐涛同志谈教育工作时说过，明年高考招生，可不可以考虑拿出些名额，采取特殊办法，专门招收那些总分不够而单科成绩特别突出的学生，让他们有机会到大学里深造。在这些人中有可能出一些偏才、怪才、奇才。有的人作文很好，能够得满分，但数理化不一定行；有的人数学很好，可以拿大奖，但作文不一定写得好。如数学家陈景润，研究哥德巴赫猜想，取得了辉煌成果，但生活能力赶不上常人。学术大家钱钟书，当年考清华大学时，数学只考了 15 分。著名诗人臧克家，当年考山大时，数学得了零分，语文得了 98 分，都是被破格录取的。还有数学家华罗庚、相声大师侯宝林等，没上过大学，靠自学成才，创造出了骄人的业绩。大学是培育人才的重要场所，但进了大学并不等于成才。将来能不能有成就，还要看自己的努力。大家一定要有紧迫感和危机感，充分利用大学的优越条件，刻苦读书，奋发向上，使自己真正成为对祖国、人民、社会有用的合格人才。

篇二 选文浅议

## 文化与生态：发展与守护的辩证法

人是文化的存在物。我们人之为人，不仅在于我们创造了辉煌的物质文明，更在于我们创造了灿烂的文化。即使在金字塔、长城这样的物质遗产当中，震慑我们心灵的更多的也还是其中所包孕的文化意识。一个民族的文化，凝聚着这个民族对世界和自身的历史认知和现实感受，积淀着这个民族最深层的精神追求和行为准则。我们必须依托历史、立足现实，尊重过去、面向未来，以礼敬、自豪的态度善待优秀传统文化，通过挖掘整理和科学扬弃，使民族的发展始终保持文化的鲜明个性和独立品格。

如果说文化是我们的内在精神家园，我们置身其内的地球环境就是直接的外部生存家园。我们只有一个大地。大地不仅是我们的资源和能源的供给场所，更是我们的家园。近四百年以来，发轫于西欧资本主义的现代性极大解放了生产力，创造了极为丰富的物质产品，但这一发展过程所造成的环境问题直接威胁到人类的可持续发展，威胁到我们人类自身的命运。

"世界从山江湖工程看到希望，江西从山江湖工程走向世界"。1991年，吴官正同志在北京主持召开江西省山江湖开发治理总体规划纲要国际研讨会。1992年，山江湖工程被我国政府选送巴西参加联合国环境与发展大会。

正是在这种情形下，保护好我们的外部生存环境，为子孙后代留下本来应该属于他们的财产，就成为当代政治家必须思考而不可逃避的问题，成为当代政治家所必须具备的一种新型"责任伦理"意识。

阅读作者在地方工作期间的主要论述，我们会发现：作者关于发展的理念具有前瞻性，体现出超前而深刻的文化意识和生态意识。比如作者强烈关注赣文化、齐鲁文化等地方文化的建设，支持重修历史文化名楼黄鹤楼、滕王阁，高度重视山江湖治理、海洋生态开发，等等，这些都是在强调一种关于发展与保护的辩证法：我们在致力于推动经济建设向前发展的同时，不要忘记对于文化传统和自然生态的保护。实际上，无论是发展的文化意识，还是发展的生态意识，都是一种家园守护意识，蕴涵着强烈的人文性：对文化传统的保护，是对人的内在心灵家园的守护；对自然生态的保护，则是对人的外部生存家园的守护。

# 赣文化有辉煌的过去，有繁荣的现在，也将有美好的未来

1994 年 7 月 23 日，这是吴官正同志会见南昌大学赣文化研究所部分专家、学者时的谈话。

研究赣文化，首先要了解江西现实，要有一个基本看法：江西不是什么都比人家落后。近 10 多年来，江西变化很大，发展很快。这个事实应当承认。江西是非常有前途的地方，可以大有作为。这是研究赣文化的一个起码的基础。

从历史上看，江西处于吴头楚尾，经济文化比较发达，像修水、波阳，史籍上早有记载。文化的发展首先要靠经济、靠交通。九江水路便捷，茶叶、瓷器许多东西都是从那里运出去的。"商人重利轻别离，前月浮梁买茶去"，说明江西人很早就会做生意。江西历史上有两个发展很快的时期，一是魏晋，一是唐宋。魏晋和宋时北方打仗，兵荒马乱，大批人南迁，跑到江南来。南宋时江西人口占全国的五分之一多吧。晋代、唐代江西有所发展，但还不大；宋朝江西发展很快，光进士就有 5400 多人，宰相、副宰相就有 22 个。"区区彼江西，其产多材贤"，江西人为全国作了很大贡献。经济是基础，宋代江西有很好的经济基础，朝廷铸钱主要在江西波阳，德兴铜矿很早就有名，许多粮食都是由江西运出去的。

明朝朱元璋与陈友谅争天下，以少胜多，实际上是江西人帮了朱元璋的忙，"老表"的传说足以证明这一点。明代江西经济也有发展，而且"朝士半江西"。清朝中期开始落后，近代更落后，主要是政治经济中心不在南方，南北交通要道也不走江西了，江西人员外流，1927 年以后更厉害，有本事的人一部分参加红军，一部分走了。

要用历史唯物主义和辩证唯物主义的观点研究赣文化，做到研究出新意，

古为今用。江西不是没有人才，古代出了很多名人，江西是出思想家的地方，也是出文学家的地方。“为有源头活水来”，要找到源头。例如朱熹，有《四书集注》、《八朝名臣言行录》，对后世影响很大，对日本影响也深远。《四书集注》其中有部分精华，至今还有价值；《八朝名臣言行录》记录了不少宰相的举止言行，值得一看。辛弃疾有首《菩萨蛮》说“青山遮不住，毕竟东流去”。这话说得多好，中国的改革就是如此，江西的发展也是遮不住的。波阳“四洪”不简单，洪迈的《容斋随笔》我看过，写得很好，很客观。明代临川汤显祖，被称作东方的莎士比亚，其《临川四梦》写得很出色，可谓是惊世之作。这些人都是很有作为的。

江西人也很有骨气，陶渊明“不为五斗米折腰”，不愿阿谀奉承事权贵；江万里舍生取义，忠于国家，领着全家投池而死；文天祥誓死不投降元军，“人生自古谁无死，留取丹心照汗青”，很有民族气节；方志敏不怕杀头，从容就义，大义凛然，是了不起的壮举。综观历史，大凡能干一番轰轰烈烈事业的人，都是热爱祖国、热爱民族、热爱民众的人，不热爱国家的人不可能有这种行动，不爱自己祖国的人是没有前途的。这种民族气节和爱国主义在当前尤其可贵。中国有名的清官况钟，也是江西人，他在苏州任知府，官不算太大，但他为官清廉，两袖清风，刚直不阿，办事公道，苏州人至今怀念他。你们研究赣文化，就要研究这种人的精神，弘扬这种精神。吉水有个解缙，赤心忠于国家，毛主席文章中有副对联：“墙上芦苇，头重脚轻根底浅；山间竹笋，嘴尖皮厚腹中空”，就是引用解缙的。晏殊、晏几道的词很好。曾巩不但是一代文章宗师，而且看问题很尖锐，王安石开头不太理解，后来才发现曾巩看问题非常深刻，王安石死在金陵，即现在的南京，临死前还念到曾巩的规劝。对于改革有影响的人是欧阳修、王安石。他们对当时的社会看得很清楚，立志改革，改变现状，很有改革思想，虽然变法改革失败了，但他们的改革思想、改革精神是可贵的。我们今天搞改革，也要有改革思想和改革精神。

江西不但有很多思想家、政治家、文学家，还有很多有名的科学家。宋应星写了《天工开物》，很有名气。詹天佑是中国铁路事业的先驱；还有吴有训，是中国近代物理学奠基人；黄家驷，是有名的外科专家，是中国生物医学工程的创始人。你们是学文的，对自然科学界不太了解，搞赣文化，不要忘记他们。江西还有不少杰出的艺术大师，如傅抱石、黄秋园等。总之，江西历史名人很多，很多都是从江西走出去的，在历史上都为国家作出过杰出贡献，这是历史事实。现在每年高考，江西都是前几名。

研究江西名人，不要光研究男性，女性也要研究。中国伟大的母亲有不少，在江西新干出了一位陶母，她是陶侃的母亲。陶侃父亲早逝，母亲守寡把他带大成人。他家很穷，有一次有个同乡路过，住在他家，他母亲剪下自己的头发换回酒菜，招待客人，还把垫床的稻草铡碎喂马，客人很受感动。后来陶侃做了官，当了浔阳县的鱼梁吏，专管渔业的。有一次陶侃给母亲捎回一小罐公家的咸鱼，被母亲责备了一顿："你身为公职人员，损公肥私，对我没有好处，反增我不少忧虑"，把鱼退了回去。这是了不起的母亲。伟大的母亲培养出伟大的儿子，陶侃就是他母亲培养出来的。刘和珍也是很有骨气的女性，是南昌人，她不畏强暴，不幸惨遭杀害，鲁迅先生写了著名的《纪念刘和珍君》悼念她。总之，江西还有不少伟大的女性。你们不妨去翻翻省志、县志，这类的记载很多。

江西历史上出了很多名人，现在同样也有名人。潘际銮教授就是名人，在国际上名气大得很，是国务院学位委员会委员、科学院院士。他有发言权，国内许多名人都是他的学生。现在不少人来江西都要见他，连陈香梅女士来也要见他，熊玠教授来也说要看他和南昌大学，所以我们要请他来。南昌大学要靠他来领头创办。办好南昌大学很重要，二十年、三十年后，会越来越看到这件事的重要。今后江西的名人专家，很多要靠南大培养造就。你们都很年轻，应当有所作为，你们当中，今后能不能出个把中国科学院院士？你们要发奋努力，进一步解放思想，热爱党，热爱祖国，热爱社会主义，才有出息。伟大的时代必然要出伟大的思想家、文学家、科学家。在目前存在一切向钱看的不良倾向时，你们能面向江西，脚踏实地研究赣文化，很可贵。现在是伟大的时代，经济繁荣，我相信一定会出一批思想家、文学家，出几个出类拔萃的名人。

《江西日报》关于赣文化的系列文章，大多数我都读过，写得不错。你们要站在历史高度，解放思想，搞出新东西。

我有三点建议：一是你们要学点经济，研究江西历史、文化，要以经济为基础；二是古为今用，要有历史的高度；三是文章要有可读性、知识性、趣味性，这样才会有人读。我支持你们干一番事业。各行各业都要出名人，一个省不出名人不行。历史是劳动人民创造的，名人也是人，英雄也是名人。英雄造时势不对，但时势可以造英雄。现在是伟大的时代，你们中有些人将来也可以成为名人。我们江西是大有前途的。赣文化，有辉煌的过去，有繁荣的现在，也将会有美好的未来。

## 昌九工业走廊旅游建设要有特色

1992 年 4 月 7 日，这是吴官正同志视察南昌市八一大道地下通道工程时讲话的一部分。

昌九工业走廊不是一般的工业走廊，而是很有特色的工业带。我们规划不光有工业小区，还有一片片农业开发小区、旅游小区、外商投资区、保税区等等。我们计划从九江到景德镇、景德镇到南昌铺设一条高等级的公路，在湖口架一座斜拉桥，南昌到九江还增加一条高速公路复线，形成一个环形公路，这将大大促进全省经济的发展。我们还在设想，在昌九工业走廊上建两个旅游景点，一个“物华天宝”点，一个“人杰地灵”点。要搞成文化内涵较高的旅游景点，别出心裁，全国独有。现在的旅游，老是看一个山，一个亭子，那没多大的看头。江西历代名人很多，包括江西籍的，也包括外省籍在江西做过事的。像王安石，是个改革家。朱熹的“半亩方塘一鉴开，天光云影共徘徊，问渠那得清如许，为有源头活水来。”很有改革的味道。又如陶渊明，写过有名的《桃花源记》，写的是一个渔人无意中发现世外桃源的事，一派怡然自乐的景致。如果我们按这个意境搞一个景点，建一片桃林，人家进去，不仅有景点看，还有桃子吃，那就别有一番情趣了。再有欧阳修的《醉翁亭记》等名人名作，诗情画意，情景交融，按景设点。那不是很有新意吗？旅游少了文化就没有什么意思了。毛主席在江西从事革命活动的时间很长，他在江西有不少著名诗篇，选一两篇，搞一个风景点，不比建个一般的纪念点有意义么？江西历史上有名的况钟、杨万里、宋应星、辛弃疾等等，包括历代的爱国志士、革命先驱，如文天祥、方志敏等，都有自己的代表作，我们可以从中挑选。还可按不同朝代的特点，建不同的景点和餐馆。清朝的、明朝的、唐朝的，每个餐馆的服务员都以不同的朝代装束打扮，这本身就是一种食文化。吃的菜，用的餐具，都按照不同朝代的特色，做成木器的、漆器的、竹器的、瓷器的，使它们各具特色。有的莱，还可以按照有名的诗句做菜谱，如中间一支葱叶，旁边两个蛋黄，就可以叫“两个黄鹂鸣翠柳”；一片青菜叶上，用蒸蛋白切成条排成行，叫“一行白鹭上青天”。总之，要在继承优秀文化遗产上发展我们的旅游事业。

## 做好齐文化旅游开发这篇文章

1999 年 6 月 14 日，这是吴官正同志在山东省淄博市考察时的谈话。

山东的旅游资源，特别是古文化旅游资源非常丰富，我们开发得还不够。除了享誉中外的泰安、曲阜，淄博也是山东文化旅游资源最丰富的地方。应当说，开发文化旅游资源这篇文章，我们做得还不够。

启俊、建国同志你们是否可以找专家论证一下，考虑建一个齐城？里边的人都穿齐国人当时穿的衣服，用齐国人当时用的东西，拉着古车。搞一条街，反映齐国当时的繁华风貌，旁边搞小市场，集吃、穿、购、娱于一体。

齐国是春秋五霸之一，非常强盛，非常发达。齐国人写的《考工记》就是我国最早的工科著作。

要发掘齐国故事充实旅游内容，让人感到有场景可看，有知识可学，有地方可玩，有东西可买。比如，晏婴雄才大略，就有很多故事。是否可以搞一条齐国故事街？传说古时有人办了一个唐诗饭店，菜名、主客间问答等，都用唐诗，有文化味，生意很不错。

齐文化主要是工商文化，主张发展生产力；鲁文化主要是道德文化，强调修身齐家治国平天下，受到封建统治者的推崇，成为中国封建文化的主流。

对齐文化，我们发掘重视不够，难吸引人，效益没发挥出来。开发的关键在设计。设计的品位上去了，同时又易于人们接受，老少咸宜，令人喜闻乐见，就会产生巨大的经济和社会效益。如深圳的中华民俗村等，就是这样。

要把整个城市的文化开发与建设结合起来。蒲松龄的《聊斋志异》也是淄博重要的旅游资源。是否可以设想建一个动画馆或蜡像馆，把《聊斋志异》的故事搞成动画片，效果很逼真。做动画片比较省钱。要使人能看懂。前不久我到日本大坂去，看过他们一些类似的景点，很受启发。其实蒲松龄笔下的狐狸、鬼都蛮漂亮的，符合现代人的审美观和追求，搞起来一定很有观众。在景点上连续放聊斋故事，很有意思。现在放得最多的一部电影是《庐山恋》。庐山一家电影院，每天上午、下午、晚上各放一场，吸引了不少观众。

# 治理山江湖，为子孙后代造福

1995 年 1 月 4 日，这是吴官正同志在省山江湖开发治理委员会 1995 年第一次全体委员会议上的讲话。

我们许多工作都是在前人的基础上进行的。今天开会，我们很怀念老省长赵增益同志。我刚来江西工作时，他就对我说：“山江湖治理工作很重要，我建议你当组长”。赵老现在离开了我们，治理好山江湖是他的愿望，我们要努力工作，实现他的遗愿，为子孙后代造福。

第一，江西山江湖治理是造福子孙后代的跨世纪工程。实施山江湖治理工程，要坚持三个结合：一是治山、治水、治湖与治穷相结合；二是经济、社会发展与改善生态环境相结合；三是当前工作与长远规划相结合。

我们的目标是，用半个世纪左右的时间（现在已经过去10年了），把江西山江湖治理成为发展中国家区域开发治理的典范。美国的田纳西州是发达国家典型，那里的治理大概也用了半个世纪。今后再用40年左右的时间，我看达到这个目标是完全可能的。这一点，请你们在讨论时考虑。

第二，抓好典型，扩大成果。培植的典型要具有丰富的科技内容，反映我们的思想深度，并要有示范作用，有看头。每到一个地方去看，要能看到我们江西是把“发展与环境”作为山江湖开发治理的指导思想，能看到我们确实是实行了三个结合。典型要选择各种类型，交通方便的地方要选一些，不便的地方也要选一些。培植典型的目的是为了推广，扩大成果的目的就是推广，推广要注意运用社会的力量。我们希望能看到1万亩、2万亩连片的开发项目，就像美国田纳西流域那样，连片开发10万亩、上百万亩。我们到那里进行了实地考察，印象很深刻，除了在田里，其他地方看不到裸露的泥土，山上的树是郁郁葱葱的，地上的草是绿茵茵的，河里流的水是碧绿的，马路上没有什么灰尘，环境非常优美。扩大的成果也一定要有看头，典型要讲究“显示度”，驱车20分钟，半个小时，看到的都是一望无际的碧绿。一定要培植这样的典型，有了这样的典型，就有了强大的吸引力，国际合作和援助就会纷至沓来。

第三，搞好规划，分步实施。要搞好江西山江湖工程，我们应当打好一张牌。打什么牌呢？就是“发展与环境”牌。当前，世界上最重要的议题就是发展与环境。我们山江湖治理之所以能引起世界上的重视，就是因为举了发展与环境这面旗帜。我建议你们设计一个有特色的标记或徽号，所有的文件、车辆、资产等等，都印上这个标记，突出发展与环境这个主题。当然，发展与环境这个口号概括得准不准确，你们还可以研究。所有的人，包括我们山江湖的人都要有保护环境的意识，无论走到哪里，看到山江湖这个名词，就想到发展与环境的统一。要把江西山江湖（JXMRL）这个词在世界上叫响。

江西山江湖是一个大概念，绝不仅限于省科委管的那一部分工作。山江湖开发治理委员会为什么要这么多人参加呢？因为山江湖治理是省政府组织实施的宏大的系统工程。例如万安水电站的建设，应该说是山江湖治理非常重要的工程。田纳西流域治理最重要的成就是河流治理。现在我省正在修建的几个大型电厂包括装机容员 120 万千瓦的丰城发电厂，也是山江湖治理的重要内容。丰城电厂及电网建设大概要投入 50 亿元。还有我省红壤一期开发、二期开发，赣中南一期、二期开发，吉湖项目，世行贷款造林等项目，以及省科委的一些项目。在吉安还要建 60 万千瓦的发电厂。赣江上的小水电站有几十万千瓦。水利和电力建设应该有个目标，投入多少钱，发多少电，受多大益。山江湖区域这么大，你怎么治穷？所以要树立更加符合实际的大山江湖概念。以上所说的水利、水电项目，农业开发项目，还有长江防护林建设，世界银行贷款项目，等等，都与改善生态有关,都是山江湖开发治理项目。每年我们都要大面积地植树造林，1980 年江西森林覆盖面积多少，现在森林覆盖面积多少；1980 年赣江泥沙流入鄱阳湖有多少,现在又是多少,我们心里要有数啊！过去有人讲“兴国要亡国，宁都要迁都”。现在兴国没“亡国”，宁都也不要“迁都”了，情况大不一样了。所以，我们讲的山江湖是广义的。不然到 2000 年，按计划上的投入才 9 个亿,这不完全反映实际情况,其实 290 个亿也不止吧！治山、治水、治穷，还有治虫。在鄱刚湖区域大规模的血吸虫治理，鄱阳湖圩堤建设，都是山江湖治理的重要措施。现在已经投入了上百个亿，以后每年都是几十个亿的投入，不然的话，还有 40 年，能搞成吗？鄱阳湖的二期工程就是 40 个亿。赣南山区正在搞 60 万亩脐橙，提出再造一个高效益的赣南。

大家是否注意到,现在南昌也开始种草了。这是经济发展到一定程度、文化提高到一定程度的表现。过去星期六下午搞义务劳动就锄草，来了蚊子就烧草，路边长了草就锄掉。发达国家则更多地注意种草，用剪草机剪草，马路上看不到什么灰。滨江招待所开始讲文化了，空地、场院都种上了草。一个地方注重不注重文化的一个标志，就看他种不种草。你们到发达的资本主义国家看，人家的溪水里是看不到泥巴的，溪里是水草趴着，水从草中流过，非常清澈。我们喜欢搞水泥地，即使是泥巴沟也要把草锄得干干净净。我想，应该加强环境意识的启蒙教育。建议山江湖办要积极开展这种启蒙教育。

全省国土面积有16.69万平方公里，光靠计划中这几个试点，一千年也解决不了问题，要把我们实际上已经和正在做的事情都考虑进去。所以治理山江湖要计委、农业厅、水利厅、建设厅等有关部门参加，就是要大家齐心协力，搞综合开发治理。

第四，加强江西山江湖的科学研究。要一个钱当两个钱用，每走一步都要考虑到科学技术的发展和经济的发展。譬如说，我省的几百个小造纸厂，要有计划地关掉一批，转产一批，治理一批。今后在建大造纸厂时一定要注意环境保护。还有小煤矿，这里挖个矿，那里挖个矿，对资源和环境的破坏很大。今后开采过的矿区,都要垦覆。不论在哪里挖了个什么洞，搞完以后要平整好,在上面种草植树。如果没有这个思想认识,这个决心，满足于有口饭吃就可以,那怎么实现现代化。四个现代化是指工业、农业、科学技术和国防的现代化。除此以外还要有优美的环境。如果到处乱砍乱伐，上对不起祖宗，下对不起子孙后代。争取国际援助，最重要的是要把发展与环境这面旗帜举得高高的。中央和国际上都重视环境，我们既要改善环境，又要发展经济，要把发展经济与治理环境统一起来。要想得到援助，在思想上和实际工作中明确这一点，是很重要的。外国援助和贷款都要联系到环境。前期山江湖办得到了UNDP 80万美元,现在又有90万美元,下一步德国还有600万马克,以后还有日本的援助项目。要有人去做文章,能“别出心裁”。邓小平同志讲，和平与发展是当代的两大主题。发展要与环境联系起来，所以我们讲“发展与环境”是江西山江湖工程的目标。我们要把江西山江湖建为“青山常在，绿水长流，经济发展，富裕安康”的山江湖。“青山常在，绿水长流”，首先讲的是环境。经济发展了，人民富裕了,社会就安定了。这几句话,我觉得就是经济、社会与环境的结合,这是我们的具体目标。各个部门的建设都要主动地纳入大山江湖的范畴。

# 山区开发要讲求生态效益

1997 年 11 月，这是吴官正同志 1997 年 4 月份、11 月份两次考察临沂时的谈话。

山区开发建设，要依靠科学技术，坚持水土治理和经济开发相结合，山水林田路综合治理，既要求发展，又要讲求生态效益，真正做到经济、社会和生态效益相统一，实现可持续发展。在山区开发上，除大力发展林果业外，可以适当种些藤类植物，绿化荒山。你们搞荒山拍卖、利用民营方式搞水利建设，使农民富了起来，这条路子是对的。要发挥特色优势，搞好农副产品基地建设，搞好农产品的深层次加工，实现多层次增值。发展农村经济，要选好带头人。这些人既要有觉悟，还要有本事、有开拓精神，能够带领群众艰苦奋斗。刘加坤就是好的带头人，像他这样的干部，我们省有一大批。有了这样一些好的带头人，才能使党的政策在基层得到很好的落实，农村才大有希望。

可持续发展，包括经济、社会、环境、人口、资源之间的相互协调发展等内容。在发展中要重视搞好水土保持，控制水质环境的恶化和大气的污染，重视资源的深度开发、综合利用和节约。在结构调整时，要注意有选择地着重培植一些高新技术产业、主导产业和拳头产品，以提高竞争能力。要继续重视教育特别是职业技术教育，不断提高劳动者素质。

大家要认真学一学恩格斯的《自然辩证法》。为什么讲这个呢？因为我们山东的经济要坚持可持续性发展。《自然辩证法》有许多重要的论述，其中有两点对我的印象很深：一是人们在改造自然的同时，也在改造人类自身，人们的世界观也要得到改造；二是人们在改造自然界的过程当中，自然界往往要给予无情的报复。我们要坚持可持续性发展，就必须加强对资源的有效利用、人口的有效控制，以及环境的有效保护。要使我们的同志知道，经济的增长尽管要付出代价，但要以极小的代价来取得最有效的增长，这符合《自然辩证法》的观点。加快经济发展是对的，但资源消耗要合理，要把环境保护好，经济效益也要提高，这样才是有效的增长方式。

## 特别链接：旧闻忆事

### 污染环境的项目一个不要

**来源：1995 年上海人民广播电台节目“95 华东七省市省市长热线”**

吴省长：江西的荒地开垦近 10 年来取得了很大的成绩。过去我们有荒地、荒山 3000 多万亩，经过七八年的努力，基本上没有荒山了。的确下了很大的功夫。我们非常注意保护农田，粮食生产一直是很稳定的。发展经济作物都到山上去，蚕桑、水果的开发就要靠山，这对将来农民收入的增加也很有好处。我们十分注意环境保护，尽管江西经济现在不发达，但是污染我们江西环境的项目我一个也不要。现在污染环境的厂，也要有计划的搬迁、关闭。这样，山清水秀，使我们有一个良好的生态环境，上对得起祖宗，下对得起子孙。

主持人：大家听了一定很高兴，这对上海也很有启发。

吴省长：经济、发展、生态三者要统一。前年有一个污染环境的项目搞到我这里来，他说赚多少多少钱，但我不管你赚多少钱，污染环境就是不要。

主持人：人民日报最近报道全国耕地面积正在急速减少。但在江西却没有这种情况，不但没有减少，而且 3000 万亩荒山全部被披上绿装，这真是令人高兴的事情。

### 政绩要着眼于子孙后代

**来源：1996 年 1 月 17 日《文汇报》**

中国有两块土地，通常被称为是古老文明与现代贫脊的混合体，一块是北方的黄土地，一块是南方的红土地。

在落霞渐消暮色将起的时刻，我踏上红土地，见到了红土地的主人吴官正。说他是红土地的主人，那是千真万确的。他吃着红土地的红薯、喝着红土地的水长大，读书深造，离开红土地在清华大学研究生毕业后，到了黄鹤起飞的地方去工作。改革开放之始，他出任武汉市市长，那时我奔走于荆楚大地，听到他微服私访、支持重修黄鹤楼的故事，就很想采访他。因我的行程匆匆，未能相见。但作为一个想要采访而没有采访到的对象,我一直把他储蓄在心中。后来，他就到江西当省长去了。当时就听说，在物色省长人选时，江西有的老表向中央建议，希望他这位从红土地上走出去的人再回到红土地上来。

一见面他就告诉我，明天一早他就要下乡。这样，车子上的行囊还没卸下，即开始了对他的采访。当我到了下榻的宾馆，夜已经很深了。在此以后的七八天的时间里，我奔波在江西境内的京九铁路沿线，看山，看江，看湖，看乡镇，也看村落，采访了地方长官、一般干部、村民、种果大户，并采访了知识分子，其中有的和吴官正对过对联。

原来，反映京九铁路建设的电视连续剧《京九情》，其中最艰巨的工程、最壮观的画面、最动的人的情景，大都发生在江西境内。身为省长的吴官正作了两副对联的上联，在摄制组内求对。一条上联是：剧情、感情、爱情，情真似火；另一条的上联是：画面、语言、歌曲，有看头、有听头、有赏头。这两副上联在报上发表，江西老表为之动情，续对下联的来信纷纷寄往他的办公室和报社编辑部。编辑部决定在报上开辟“我为省长对下联”专栏，持续数月，对和者逾万，得下联近三千条。

这一切都使我感到，吴官正不是红土地的一般主人，而是红土地的儿子。他是在用儿子对母亲的感情，把心依偎在红土地上！

**绿色兵马俑：发展与环境并举**

京九铁路成了江西老表的热门话题，所到之处人们都在谈论京九路，诸如京九三分之一的路段是从我们江西通过的，京九经过的唯一的省会城市是我们江西的南昌，京九的庆功典礼是在我们江西的九江开的。我一路看到了江西人面对着机遇表现出来的兴奋，各种各样大型市场的出现，新兴的小城镇的酝酿筹建，还有那“昔日老区，今日新区，明日特区”表现希望气度的标语，这一切都使人发热。这里将来到底是个什么样子，我想起了上路前夕，吴官正的冷静和他的描绘。

吴官正说:要想富,先修路,这话固然不错,但有了路并不一定就能富起来,铺路、京广路的历史都不短了,沿路的百姓有些人还是只能卖茶叶蛋和豆腐干。京九路应该说给了我们很大很好的机遇,搞不好,火车经过江西就像放电影,一掠而过,老百姓可能还是拾煤渣,拾橘子皮、罐头盒。这里的老百姓能不能富起来,要看我们的工作做得怎样。

记者问:你们的总体构思是个什么样子?

吴官正:我们从人们的生存环境出发,正在努力把江西建成有生态特色的农业大省。基于发展与环境并举的思路,在京九路的沿线不准备盖高楼大厦,要加快发展农工商相结合的小城镇,开发荒山,种林种果,使沿路成为千里水果带。陕西有泥塑兵马俑,江西有绿色的兵马俑,那就是满山遍野的果树和林木。空气新鲜、干干净净,人家到江西来就会有一种舒适愉快的心情。

记者问:绿色荒山的口号已经有相当历史了,可是,在别处我走了许多地方,看到那里的山仍然是光秃秃的,水土在流失,人民生活贫困,早在宋代江西的农业已出现了"大田耕尽却开山"的形势,今天你为什么会有这样的自信?

吴官正说:关键是要把治山和治穷结合起来。在这方面,我们也有过教训,多年前,福建的一个老同志来江西,他说没有看到过像江西的山这样光,像江西的田这样荒,像江西的猪这样自由,他的话对我们是很大的刺激。我们江西提出治山、治江、治湖的规划,首要的是治山(这时吴官正指指原江西日报总编辑姜惠龙说:"他是有功劳的,写过《把山当田作》的文章),山治好了,泥沙才不会流到江里湖里,生态环境得到改善,群众富裕了,就会从贫困中走出来。如果不治穷,治山、治江、治湖还有什么意思呢?几年来,我们投入上百亿元用来治山、治江、治湖、治穷,目前江西已消灭了宜林荒山,森林覆盖率达50%。应该说,在这方面经过几年的努力,我们取得了初步的效益。这样,几十年后,江西老俵今后抚今追昔时,才会说我们今天做得合乎科学,不是乱来,也不会把我们做的事情推倒重来。

这不是梦想,而是记者在一些地方已经看到的现实。无论是在千烟洲科学院改良红壤的试验基地,无论是国营林场还是种果大户的果园,还有山民散户开发的荒山，绿色开始把红土地覆盖起来，果实累累，鸟语花香。我也看到，即使是一路之隔，一边是充满生命的绿色世界，一边却还是连草都不生的红土地。我问过一位乡长，为什么会出现这种情况？乡长说，吴书记也来过这里，他说群众还没有认识到、不愿干的事情，就不要勉强他们去干。我没有去采访群众，不知他们有什么想法。但是这里有许多是省城、地区、县城机关的果园基地，干部们的是“把山当田作”了。

江西的“发展与环境并举”的措施，得到了国家政府和国际社会的高度重视，联合国环境保护组织的援助和贷款接连派往江西，几年来已收到170万美元和600万马克，不久将有一个国家援助项目的到来。

除了省委书记一职，吴官正其他社会职务都辞去，唯一担任的就是“山江湖治理小组”组长，表现了他对治山、治江、治湖、治穷责任的看重和决心。

**支持重修黄鹤楼、滕王阁**

一路风尘，晓行夜宿，又是一个黄昏的时刻，到了赣南重镇赣州。恰巧吴官正也到这里，在宾馆的院子里和他相遇。

我们在朦胧的夜色中交谈着。他告诉我，这里正在开地市干部会议，议论发展特色农业、改革开放的大势，并随口念了辛稼轩的词“青山遮不住，毕竟东流去”，他的用意是很清楚的。他还告诉我，郁孤台离这里不远，辛稼轩在离这里不远的万安写了这首词，现在郁孤台已经是风物迥异，但辛词仍然有着生命力。

吴官正喜欢读书，特别是历史的书，他读得很多，而且欢喜用江西历史上的名人故事，启发各级干部和青年，为人民多做好事。他和大学生一起讨论赣文化的问题时，他就告诉大家，在历史上江西人就很有骨气，陶渊明不为五斗米折腰，不愿阿谀奉承权贵；江万里舍生取义，忠于国家，为了保持气节，领着全家投池而死；文天祥誓死不降元军，留下“人生自古谁无死，留取丹青照汗青”的诗句；方志敏不怕杀头，从容就义，大义凛然。他最喜欢江西老表况钟，在苏州任知府，两袖清风，刚直不阿，办事公道，现在有些人很贪，和况钟不能比。江西还有一位伟大的陶母，她是陶侃的母亲。陶侃早年丧父，母亲守寡把他养大成人。后来陶侃做浔阳的鱼粱吏，是专管渔业的，有一次陶侃给母亲捎回一罐公家的咸鱼，被母亲痛骂了一顿，说儿子身为公职人员，损公肥私，对她没有好处，反而增加她不少忧虑，把鱼退了回去。

这些都是吴官正经常要讲的故事，他说就地缘关系来讲，今天的江西人应该发扬这种精神。

在武汉当市长时，吴官正支持重修黄鹤楼，到了江西，他又支持继续修滕王阁。我问他：你为什么对修名楼这样有兴趣？

吴官正说：那是文化嘛，这种文化遗迹，盛则修，乱则废，修与不修，实则是经济发展的象征。江南的三大名楼，黄鹤楼、滕王阁、岳阳楼，有三大文人作诗、作序、作记，我最喜欢的还是范仲淹的《岳阳楼记》。

记者问：是不是因为其中有“先天下之忧而忧，后天下之乐而乐”的忧国忧民的意识？

吴官正：是的，我经常和干部讲这篇文章，居庙堂之高，则忧其君，处江湖之远，则忧其民。和基层相比，我们这些人是居庙堂之高，应该为党中央分忧解难；和中央相比，我们又是处江湖之远，应当关心老百姓的疾苦，把对党负责和对人民负责一致起来。郑板桥是位封建的县吏，对老百姓的疾苦尚能一枝一叶总关情，何况我们是共产党人。

吴官正这些话，不光是回答我的问题，也是对站在旁边的几位地委书记和专员说的。一位地委书记在我耳边悄悄地说：“吴书记既关心我们，又经常这样敲打我们。”

像江南的三大名楼，吴官正喜欢谈论它，修复它，我想这不是出自他个人对文化遗产的爱好，而是寄托了他对历史的沉思。这样的历史遗迹，不再是记录个人的荣辱，而是表现了历史兴亡时代沧桑的沉积。

**再穷不能穷教育**

江西，在历史上就是人才辈出的地方。陶渊明、王安石、黄庭坚、欧阳修、杨万里、晏殊、文天祥、解缙、宋应星、汤显祖都是江西人。

历史文化名楼之今生：
黄鹤楼、滕王阁当代雄姿魅影。

这次和吴官正交谈，谈论较多的也是人才问题，对此，他作了一个历史的回顾。

吴官正说：从历史上看，江西处吴头楚尾，历史上有两个发展很快的时期，一是魏晋，一是唐宋。魏晋和宋时，北方打仗，兵荒马乱，大批人南迁，跑到江南来。南宋时期，江西人口占全国五分之一强。宋朝江西发展特别快，光进士就有5400多人，宰相、副宰相就有22个，“区区彼江西，其产多村贤”，江西人为全国作了很大贡献。

你知道江西“老表”的由来吗？据说明朝朱元璋与陈友谅争天下，以少胜多，实际上是江西人帮了你们安徽人的忙，为表亲切，安徽人就称江西人为老俵。明代江西也有发展，而且“朝仕半江西”。清朝开始落后，近代更落后，主要是政治经济中心不在南方，南北交通要道也不走江西了。江西人员外流，1927年以后更厉害，有本事的人一部分参加了红军，一部分走了。

江西是华东六省中唯一无重点高校、无学部委员、无博士点的“三无”省。近年来，全省高考尖子大部分都飞走了，每年考出的学生十人，回来的却不到三分之一，高层次的人才日渐缺乏，已严重地制约了江西经济的发展。

有感于此，吴官正主政红土地后，把相当大的精力放在如何办好教育上，而其中的精心之作首推：支持合并江西大学与江西工业大学，创办南昌大学。

1992 年，国家教委提出一项“二一一工程”，即在全国范围内建一百所面向 21 世纪的名牌大学，天高地迥，逸兴遄飞，江西省委、省政府毅然决定将江西大学与江西工大两校合并，更名为南昌大学，五年内政府投入 13000 万元，不惜一切要把这所大学建成现代化的全国一流的重点大学，为 21 世纪江西的发展培养人才。

办一流的大学，要有一流的校长。在清华园内泡了九年的吴官正深明此理。他利用在北京开会之机，和黄懋衡副省长三顾清华园，向国家教委副主任、清华大学校长张孝文求贤。最后选中了中科院学部委员、国际著名焊接专家、中国现代焊接理论创始人、博士生导师潘际銮教授。

人选确定了，吴官正立即委托黄懋衡登门拜请。潘教授带着游子之心对故乡的深情到南昌考察，吴官正亲自为他安排行程。家乡经济建设的突飞猛进，发展和加快教育发展的迫切愿望，使他怦然心动。当时的省委书记毛致用和省长吴官正来到他下榻的宾馆，并再次恳请他担任南昌大学校长时，他欣然允诺。

南昌大学诞生一年后，吴官正带着财政厅长去看望潘际銮。吴官正说：“南昌大学有了好校长、好教授，但要建设重点大学，还要有好的学生，要把最优秀的高中生吸引到南昌大学来。今天财政厅长也来了，我考虑由省财政出钱设立一个‘培养拔尖人才专项奖学金’，专门奖励录取高考总分前 20 名的学生，吸引高材生考南昌大学。”

对南昌大学，吴官正就是这样殚精竭虑地要办好它。不只如此，对青年学子所遇到的困难，他也都伸出一双真诚热情的援助之手，帮助解决。

一封寄自赣西山区半山村的来信，送到吴官正的面前。写信人是村民办教师，向省长叙说他家有四个孩子，有两个孩子考上大学，因家庭贫困，靠贷款维持学业，但要深造，难以为继。

深知农民疾苦的吴官正，被这封叙说贷款供子读书的信所打动，他马上批示：“我看要拉孩子一把。”

“我有相似的经历，将心比心，我深知这些穷苦的孩子求学不易。”吴官正如是说。吴官正出生于鄱阳湖畔一个世代农民的家庭，家境贫寒，无钱读书，只能在放牛路过学堂时扒着窗户往里看。为了念书，他“偷”了家里的两升米，藏在两条裤筒里跑到学校，交了学费；为了交学费，吴官正也曾拾过猪粪卖钱，母亲也为此卖掉了唯一值钱的金耳坠。勤奋好学，吴官正只上了两年小学就考上了初中，十年苦读，20 岁时以优异的成绩考上了清华大学。

在省教委的一次会议上，重提那件贷款送子读书的事。吴官正又说：“不要小看这些贫穷的农家子弟，他们吃过苦，有拼搏精神，很可能是未来的科学家，国家的栋梁之材。我们现在拉他们一把，他们将来就懂得报效祖国。”

在吴官正和各级政府的关注下，江西省数以万计失学儿童重返校园。扶助贫困学子完成学业，已成为江西各级政府的一项工作制度，还建立了专项基金。

江西出了一个陶渊明，写了一篇《桃花源记》，描述了一个理想中的社会。集传统文化与现代思维方法于一身的吴官正，带领着江西人民在创造一个现实的社会。吴官正这样向我描述它：要让人们富裕起来，有一个良好的生存条件；要给人们造就一个生态平衡的环境，使人们生活在青山长在、绿水长流、鸟语花香之中；还要让人们都有一个平和的心态，重人情讲礼貌，没有尔虞我诈，使江西成为一个事业家的乐园，而不是骗子的乐园。他很有信心地说：“现在，我们已经在结构这样一个社会的框架，这将关系到子孙后代的幸福。”

红土地上的传统文化重放光彩，不再是贫困的象征了。

## 尊师重教留佳话

**老师一番话，省长记一年（来源：1990 年 12 月 4 日《中国教育报》）**

1989 年 3 月，省教委在南昌市召开教育工作会议。吴官正是会议的忠实参加者。一天，他和几位领导与老师们座谈。他发现在座的有南昌市一中的张富老师，便起身走过去，轻身问道：“前两天的会上是你谈到你们学校的危房问题吧？你给我写个报告，现在就写。”半小时后，他再次来到张老师身旁，告诉他自己已在报告上签了意见，交有关同志办理了，几天以后，他又一次见到了张老师，第一句话便说："危房问题我已经同你们市长面谈过了。"一旁的南昌市长接着告诉张老师：解决危房问题，市里已列入了计划。

一年之后。今年春节前夕的一个中午，吴官正突然来到了张老师的家。当张老师正手足无措之际，省长已带着满身寒气的沙发上落座："张老师，去年你反映的危房问题，我来看看解决了没有。也来给张老师拜个年。"

激动中，张老师竟不知如何作答。

人们闻讯赶来，满满坐了一屋子。学校领导向省长汇报了一中危房改造的情况：两幢危房已全部排除，建房资金也筹集好了，一幢 1000 平方米的新楼不久将开工。

吴官正欣慰地说："解决了我就放心了。经过这些年的努力，危房比例已经从 15% 下降到 2.4%，今年要力争下降到 1%，我们要尽最大的努力改善办学条件。"

这是一桩小事，却也堪称佳话。后来，有心人又将此做了一个情味深长的概括：老师一番话，省长记一年……

**不装空调建大学（来源：1994 年《瞭望新闻周刊》第 12 期）**

1993 年春天，南昌大学的筹备工作紧锣密鼓地进行，概算投资达 13000 万，而第一年的投资就需 3000 万。但此时省财政 1993 年的预算盘子已经敲定，资金从何而来？吴官正召开省长办公会紧急商讨，东挤西凑、凑出了 1500 万元。可仍有 1500 万的缺口。怎么办？吴官正把目光盯住了一笔特殊的费用。

南昌是有名的"火炉"，但由于财力紧张，省委、省政府大院的几百间办公室一直未安装降温消暑设备。1992 年，省财政增收，预备拨出 1500 万元给两个大院的办公室装上空调，改善办公条件。吴官正与省委书记毛致用商量，并征得两院机关干部一致同意，决定将这笔资金投入南昌大学搞建设。"不装空调建大学"，一时成为教育界一段佳话。

篇三

# 释典杂述

## 青山遮不住，毕竟东流去

出自辛弃疾《菩萨蛮》，其全词："郁孤台下清江水，中间多少行人泪，西北望长安，可怜无数山。青山遮不住，毕竟东流去，江晚正愁予，山深闻鹧鸪。"

"青山遮不住，毕竟东流去"两句，说出了一个客观真理，也道破了一层天机。辛弃疾身处腐宋之世，有心杀敌，但无力回天，正是这样残酷的经历，使他对世事洞察彻底。历史大潮可谓浩浩荡荡，汹涌东去，势不可挡，即使几座青山使它拐几个弯，但直泄东海的大势是任何人也改变不了的。作者引用此典是要告诉我们，历史的脚步是挡不住的，我们必须进一步解放思想，深化改革开放。

## 日中为市，致天下之民，聚天下之货，交易而退，各得其所

《史记 · 三皇本纪》说："炎帝神农氏……教人日中为市，交易而退。"这也正是《易 · 系辞下》所谓："神农氏作……日中为市，致天下之民，聚天下之货，交易而退，各得其所，盖取诸噬嗑。"孔颖达《正义》云："日中为市，聚合天下之货，交易而退，各得其所，象物噬嗑乃得通也。"日中时设立集市，聚集四方货物，进行以物易物，这也是社会分工出现后所产生的贸易活动。社会分工，剩余产品出现，私有制也开始出现。与此相伴随的是商业和城市的出现。

作者在这里借这段话来说明商业和城市的兴起之间的关系以及城市对于商业的重要性。

## 待商而通，待工而成

出自《盐铁论·本议》:“陇蜀之丹漆旄羽，荆扬之皮革骨象，江南之楠梓竹箭，燕齐之鱼盐旃裘，兖豫之漆丝，养生送终之具也。待商而通，待工而成。故圣人作为舟楫之用，以通川谷，服牛驾马，以达陵陆；致远穷深，所以交庶物而便百姓。”这句话揭示了各地区的特产（“工”）及其互相间的物资交流（“商”），已经成为人民日常生活的必需。

《盐铁论》提到御史大夫桑弘羊，站在封建中央政府的立场，强调法治，崇尚功利，坚持国家干涉经济的政策，对盐铁官营、平准、均输等重大政策措施采取坚决维护的态度。他在为盐铁官营等政策辩护时，全面提出了他对工商业的看法。他接受了范蠡、白圭的重商思想和《管子》中有关国家经营工商业的思想，认为工商业在人民经济生活中是不可少的，人民生活所需的“养生送终之具”均“待商而通，待工而成”，所以，他主张“开本末之途，通有无之用”，“农商交易，以利本末”。《盐铁论》的作者桓宽，服膺儒家思想，在政治上反对桑弘羊的立场，但他把盐铁会议辩论双方的思想、言论比较忠实地整理出来，把桑弘羊这一封建社会杰出理财家的概略生平、思想和言论相当完整地保留了下来。

## 十里帆樯依市立，万家灯火彻夜明

明末清初，汉口与河南朱仙镇、广东佛山镇、江西景德镇并列为全国四大名镇，海外誉为“东方芝加哥”。汉口的港口贸易运输业颇为发达，成为我国内河最大的港口，有“十里帆樯依市立，万家灯火彻夜明”（吴琪诗）状其景，颇能反映其繁盛。

清乾隆年间，汉口更盛于世，仅“盐务一事，亦足甲于天下”。作者引用此诗的目的是寄托对于武汉发展前景的殷殷期望。

## 能攻心则反侧自消，从古知兵非好战；不审势则宽严皆误，后来治蜀要深思

本联为清人赵藩撰写。赵藩（1851—1927年），字樾村，一字介庵，晚号石禅老人，白族，云南剑川县人。光绪二十八年冬十一月上旬，时任四川盐茶使的赵藩游览武侯祠，追思诸葛亮治军理政的成绩，并联想新任四川总督岑春煊备用武力镇压民众的情况，遂书写此联。联语虽意在“讽谏”，但客观上却对诸葛亮一生用兵和施政的功业进行了高度概括和科学总结，发人深省。

作者引用诸葛亮七擒孟获的故事以及赵藩的评价，正是看重诸葛亮施政的特色，以此劝诫为政者，对赞成自己的人要宽厚，对不赞成自己的人要宽容和信任。不能打击异己，为我独尊。

## 牢骚太盛防断肠，风物长宜放眼量

语出毛泽东写的一首诗《七律和柳亚子先生》。意思是说，牢骚太过于强烈，就要当心提防肠断；应该放开眼界，以阔大的胸怀看待人世间的万事万物。毛泽东对柳亚子当年因个人愿望未能满足而产生的“太盛”的“牢骚”，没有进行尖锐的批评和过分的指责，而以博大的胸怀涵纳收受，并从爱护关心的角度给以开导劝诫，指出它的危险所在，反映了容人之量和真挚之情。

## 弱势只因多算胜，兵强却为寡谋亡

这是后人叹袁绍之死的诗句。官渡之战，袁绍几乎全军覆没，从此一蹶不振。战争失利，原因很多，其中非常重要的一条是，双方的主帅对这场战争和各自谋士所作的分析所持的态度大不相同。在袁绍发兵之前，早已被他关在狱中的田丰从狱中上书说："今且宜静守以待天时，不可妄兴大兵：恐有不利。"袁绍听信谗言，以为田丰出语不祥，不利于他的"仁义之师"，要将他斩首。经众官劝免后才暂时放下，说："待吾破了曹操，明正其罪！"而对于沮授的正确分析和劝告，袁绍不但不听，反而认为他的话如田丰一样"有慢军心"，将沮授囚禁军中。

与袁绍相反，曹操的表现完全不同。他自己已经对战争双方的特点、整个形势以及应该采用的战略战术等，都有了正确的认识，做到了心中有数。但他并没有因此就掉以轻心，盲目乐观，而是认真地召集众谋士共同商议，虚心地听取大家的意见。当谋士荀攸讲出了与袁绍一方的沮授相同的"利在急战"的意见时，曹操非常高兴地说："所言正合吾意。"

在战争以曹胜袁败结束以后，《三国演义》有两句诗评论道："弱势只因多算胜，兵强却为寡谋亡。"诸葛亮在出山时的隆中对策中，也明确指出："曹操势不及袁绍，而竟能克绍者，非惟天时，抑亦人谋也。"

## 思难而难不至，忘患而患反生

出自北齐刘昼的《刘子·利害》："智者见利而思难，暗者见利而忘患。思难而难不至，忘患而患反生。"。它的意思是，聪明的人面对利会考虑到日后可能遇到的灾难，愚蠢的人面对利就忘记了祸患。想到灾难的人，灾难不会落到他的头上，忘记了祸患的人，反而会遭遇祸患。

作者引用这句话，主要是告诫为政者和执行者都要深谋远虑，充分考虑到各种工作的困难和艰巨，稳扎稳打。

## 半亩方塘一鉴开，天光云影共徘徊；问渠那得清如许？为有源头活水来

此诗为宋代理学家朱熹《观书有感》，意为：半亩大的池塘像明镜一样，映照着来回闪动的天光云影。要问这池塘怎么这样清澈？原来有活水不断从源头流来啊！诗中“方塘”，一说在南溪书院内，是朱熹幼年读书处。南溪书院在今福建三明东邻的尤溪县城南的公山之麓，原为邑人郑义斋馆舍。明弘治十一年，知县方溥主持，把半亩方塘扩大浚深并建亭于塘上，通以石桥取名“活水亭”。

朱熹这首诗包含着隽永的意味和深刻的哲理，富于启发而又历久常新，寄托着对莘莘学子的希望。读书需要追求新知，诗以源头活水比喻学习要不断吸取新知识才能有日新月异的进步。学子在读书时要克服浮躁情绪，才能使自己的心清澈如池水。池水清澈便能映照出天上云影，恰如人经常开卷阅读便能滋润心灵、焕发神采。

## 其身正，不令而行

这句话出自《论语·子路》。孔子说：“其身正，不令而行；其身不正，虽令不从。”

宋代理学家朱熹开创了中国古代的书院传统。据考证，在朱熹几十年的教书生涯中，先后创建的书院有寒泉精舍、考亭书院等4所，主持修复的有白鹿洞书院、岳麓书院等3所，读书讲学的有南溪书院、东山书院等47所。书院私学打破了官学的地域限制，真正实现了有教无类；特别是书院自由论辩、百家争鸣的的学术风气，对于士子开阔视野、激发思路有着重要影响。这亦是中国古代书院传统和西方古典学园传统的精神共通处。

这句话包含着很深刻的政治哲学。孔子经常把“政治”的“政”解释为“正”。这不是一般的训诂意义上的释义，其中包含着非常具有中国特色的政治思考。在古人看来，政治就是政教，就是以“庶之”、“富之”、“教之”为内容，以“老者安之，朋友信之，少者怀之”为目标，而其根本的前提和途径都是正名，是“君君，臣臣，父父，子子”，为政者正己然后而正天下，以期天下万物各正位焉。

身正，以身作则，是政治的根本，倘若为政者能够做到这一点，那么，天下人都会“上有所施，下有所效”，一令之出，万人奉行。如果，相反，为政者，表里不一，嘴上一套，心里一套，言谈一套，行动一套，天下人将何从何择？

## 以其昏昏，使人昭昭

出自《孟子 · 尽心下》：“贤者以其昭昭使人昭昭，今以其昏昏使人昭昭。”昏昏：模糊，糊涂；昭昭：明白。指自己还糊里糊涂，却要去教别人明白事理。说明这是一件很荒唐的、绝无可能的事情。

作者要求大家自己先要搞清楚问题，然后才能使别人也弄清出问题，而不是自己没有任何调查、思考，就想要去教育别人。这是不可能达到很好的效果的。

## 须信春风无远近，维舟处处有花开

北宋初年，欧阳修倡导和领导的文风革新，以散文和论文为主体，也包括扫荡当时虚饰浮艳的诗风，承习盛唐雄勃疏畅的诗风。欧阳修对诗风的革新始于夷陵。他任夷陵县令只一年多时间，却留下 40 多首古诗和律诗。这些诗大都雄奇俊丽，清新疏畅，有唐代韩愈、柳宗元之遗韵，能多角度昭示欧阳修所倡导新诗之风貌。如《戏赠丁判官》云：

西陵江口折寒梅，争劝行人把一杯。

须信春风无远近，维舟处处有花开。

这首绝句诗近似口语，浑然天成，都极巧妙地抒写了诗人积极乐观的情怀，唱响了一曲高朗豪爽的人在旅途之歌。如果我们注意到这句诗是作者赠给在读大学生的，同时了解了欧阳修诗句写作的时代精神，就不难理解作者引用“须信春风无远近，维舟处处有花开”的用意了。

## 国兴福连黎庶，国亡祸及家身

许多传统的价值观在当今社会仍然适用，而且稍加转化，就具有其现代的内涵。譬如这句“国兴福连黎庶,国亡祸及家身”。

“国兴福连黎庶，国亡祸及家身”，中华民族素有国而忘家，公而忘私的传统。“尚书”提出“以公灭私，民允其怀”，汉贾谊《治安策》中主张“国而忘家”、“公而忘私”顾炎武的“天下兴亡，匹夫有责”，苏洵的“贤者不悲其身死，而忧其国之衰”。从文天祥的“人生自古谁无死,留取丹心照汗青”到林则徐的“苟利国家生死以，岂因祸福避趋之”。自古以来，热爱祖国，以奉献国家、奉献社会为自己的神圣使命，一直是仕大夫乃至平民百姓价值观的“主旋律”。今天，我们仍然要弘扬这样的奉献观，维护国家的统一和民族团结，维护国家利益与民族尊严，报效祖国、奉献社会，先天下之忧而忧，后天下之乐而乐，为中华民族的新的伟大复兴而贡献自己的力量。

## 天下之福，莫大于无欲；天下之祸，无大于不知足

出自晋《刘子全书 · 曲制》:“天下之福，莫大于无欲；天下之祸，莫大于不知足。无欲则无求，无求者，所以成其俭也。不知足,则物莫能盈其欲矣。莫能盈其欲,则虽有天下,所求无已,所欲无极矣。”无数哲学家、思想家都曾指出节制欲望的重要性。欲望的膨胀会导致人性的败坏，而为政者为了满足私欲，常常贪赃枉法，徇私舞弊，既戕害自己的本心，又为害于天下。

禅宗初祖达摩面壁图。面壁修行，专注一境，禁绝世俗杂念侵入，以求达到心虚灵空的无我境地。相传达摩在一天然石洞中面壁盘膝、禅修九载（另说十年），成为中国文化史上的经典美谈。

## 贪欲者，众恶之本；寡欲者，众善之基

“贪欲者，众恶之本；寡欲者，众善之基。”明代文学家、哲学家王廷相这句话可谓切中肯綮，指出了一切贪官污吏犯罪的根源，那就是贪欲。

“人生而有欲”，天经地义，但只能有正当之欲，且应加以节制。“海纳百川，有容乃大；壁立千仞，无欲则刚”（林则徐语），“人之心胸，多欲则窄，寡欲则宽”（金缨《格言联璧·存养》），“欲而不知止，失其所以欲；有而不知足，失其所以有”（《史记》）。寡欲，就能胸怀宽广，就能乐观旷达，就能心态平和。

## 上有所好，下必甚焉

出自《孟子 · 滕文公上》：“上有好者，下必有甚焉者矣。”上：居上位的人；好：爱好；甚：更厉害。居上位的人有哪一种爱好，在下面的人必定爱好得更厉害。指上行下效，影响深重。可见，为政在上位者，必须注意自己的一言一行，要时时以身作则，言为人师，行为人范，如此，则天下可治矣。

## 诸葛一生唯谨慎，吕端大事不糊涂

这两句话，是明代思想家李贽的自题联语，意在借诸葛亮和吕端的为人行事之风以自勉。

诸葛亮掌军理政之谨慎，史家有共识；吕端的“大事不糊涂”，是宋太宗对其的评语。吕端，字易直（公元935—1000年），幽州安次（现廊坊市安次区）人，20多岁以父荫补官。据《宋史·吕端传》记载，宋太宗想以吕端为相，不同意者说吕端糊涂，太宗却认为“端小事糊涂，大事不糊涂”。何谓“小事糊涂”？比如，他和名臣寇准同列参知政事之职，且排名在前，吕端主动提出“请居准下”。不久吕端升任宰相，“恐准不平，乃请参知政事与宰相分日押班值印，同升政事堂”。这正是他“小事糊涂”的一面。何谓“大事不糊涂”？比如，朝廷要捕杀叛将李继迁的母亲，吕端知道后坚决反对，建议把李母安置好并给以优厚待遇，即使李继迁不降，也能笼络住他的心。宋太宗死时，内侍王继恩担心有才干的太子继位妨碍其专权，同李皇后合谋另立。吕端觉察其奸，把王继恩看管起来，去说服李皇后不要改立。太子继位，垂帘召见群臣，独吕端不拜，他让人打开帘子，上殿看清楚确是原先的太子后才退殿下拜。可见，在小事上糊涂，有柔，有宽，有退；在大事上不糊涂，有刚，有严，有进。刚柔相济，宽严并用，进退得当，才能有利于大局，干成大事。

## 居高声自远，非是藉秋风

在我国浩如烟海的诗词歌赋中，有不少咏蝉的名篇佳作，诗人们往往托蝉言志，借蝉抒情。虞世南的《蝉》，便是其中的一则精品。

垂緌饮清露，流响出疏桐。

居高声自远，非是藉秋风。

虞诗“居高声自远，非是藉秋风”表面上是说蝉声之所以能够远播，并不时因为借助了秋风，而是因为居高致远的缘故。意指立身品格高洁的人，并不需要某种外在的凭借，就能声名远播。

## 峣峣者易缺，皦皦者易污

出处见于《后汉书·黄琼传》：“常闻语曰：‘峣峣者易缺，皦皦者易污。’”峣峣：高直的样子；缺：损坏。皦皦：清白的样子；污：污染，玷污。比喻刚直不阿的人不容于世。

黄琼，名重一时，很受人们的尊敬。当时地方与朝廷的公卿多荐黄琼，黄琼皆称疾不进。李固即遣书黄琼，说：你真的要枕山栖谷，仿照巢父、许由，隐居而不接受尧禅让给他们的帝位，也就算了。“若当辅政济民，今其时也。自生民以来，善政小而乱俗多，必待尧舜之君，此为志士终无时矣。常闻语曰：‘峣峣者易缺，皦皦者易污。’《阳春》之曲，和者必寡，盛名之下，其实难副。……

是故俗论皆言处士纯盗虚声。愿先生弘此远谟，令众人叹服，一雪此言耳。”

## 我自不开花，免撩蜂与蝶

出自清郑板桥诗《竹》:“一节复一节，千枝攒万叶。我自不开花，免撩蜂与蝶。”写竹子气节清高，不与白花争艳争香，不惹蜂撩蝶，借喻超脱世俗、亲近自然的为人处世方式。

我们看到，作者欣赏郑板桥的人格，喜引郑板桥的诗句。无论是“咬定青山不放松”，还是“免撩蜂与蝶”，都有作者寄托的人格理想，这不仅仅是对于知识分子（“士子”）的要求，更是对于为政者（“士大夫”）的要求。作者借此要求共产党员在任何情况下都要严格要求自己，洁身自好，廉洁奉公。在灯红酒绿、金钱美色面前毫不动心，像竹子一样，任何金钱、美色撩不动，永远保持共产党员的本色。

## 为政之道在于安民，安民之道在于察其疾苦

出自明朝张居正《答福建巡抚耿楚侗》:“治理之道，莫要于安民。安民之道,在于察其疾苦”。在作者看来,情系百姓苦乐、体察民情、为民谋利，方能做到为官一任、造福一方，这是为政者义不容辞的职责。

## 意莫高于爱民，行莫厚于乐民

出自《晏子春秋·内篇问下》：“叔向问晏子曰：‘意孰为高？行孰为厚？’对曰：‘意莫高于爱民，行莫厚于乐民。’又问曰：‘意孰为下？行孰为贱？’对曰：‘意莫下于刻民，行莫贱于害身也。’”大体意思是：叔向向晏子请教：“什么样的想法才是高明的？什么样的行为才是宽厚的？”晏子回答他说：“没有比爱护百姓更高明的想法，没有比让百姓快乐更宽厚的做法。”他于是又问：“什么样的想法是低劣的？什么样的行为是不值一提的？”晏子又说：“没有比苛刻地对待百姓更低劣的了，也没有比败坏自己的德行更不值的了。”古代政治家晏子将作为一名公仆应尽的职责作了完美诠释。

## 清心为治本，直道是身谋

宋代包拯在端州做官时，写过一首《书端州郡斋壁》，如下：

清心为治本，直道是身谋。
秀干终成栋，精钢不作钩。
仓充鼠雀喜，草尽兔狐愁。
先哲有遗训，毋贻来者羞。

此诗是一首有感而发、表明心志的作品，是一种义正词严的表白。包拯在诗中表白了什么呢？一是求“清心”、“直道”，做“秀干”、“精钢”；二是坚决不做偷吃粮草的鼠雀兔狐之辈，也就是不做用公共财富、民脂民膏养肥自己的贪官污吏，表明其出仕为官的高洁心志。

## 民惟邦本，本固邦宁

出自《尚书 · 五子之歌》，阐述了我国儒家传统的执政治国思想：人民是国家的基石；只有巩固国家的基石，国家才能安宁。本固就是人民融为一体，同甘苦，共患难。

## 等因奉此

“等因”和“奉此”都是旧时用语：“等因”用来结束所引来文，“奉此”用来引起下文。“等因奉此”泛指文牍，比喻例行公事，官样文章。

邹韬奋在《抗战以来·对保障人民权利的再呼吁》中说：“否则岂不仍是‘等因奉此’的一纸公文在老爷们的桌上转来转去？”

## 廉者，民之表也；贪者，民之贼也

出自包拯《乞不用脏吏》，意为：廉洁的官吏，是人民的表率；贪赃的官吏，是人民的盗贼。包拯这句话，是对北宋政坛廉者的热切呼唤，也是对贪官的强烈斥责。贪官把本来属于人民群众的财富据为己有，性质上与做贼、做强盗一样。所以，对于贪官污吏绝对不能心慈手软、网开一面，而应该像包拯一样，视贪官如蟊贼，高高举起法律的“铡刀”，严惩不贷。

## 虽九死其犹未悔

出自楚国屈原《离骚》:“亦余心之所善兮,虽九死其犹未悔。”意为只要合乎我心中美好的理想，纵然死掉九回我也不会懊丧。此句表现了诗人对美好理想执著追求的精神。其理想是抗击强秦的侵略,维护楚国的独立,实行清明的政治。诚如司马迁在《史记》中所说：“其存君兴国，而欲反覆之，一篇之中三致意焉。”洪兴祖《楚辞补注》则说：“言已覆行忠信，执守清白，亦我中心之所美善也。”二说基本上一致。诗人为了实现理想，虽九死而无一生，也是心甘情愿，始终不悔。这种精神，影响了千百代人民。

## 临大节而不可夺之风

出自汉蔡邕《太尉乔率碑》：“疾华尚朴，有百折不挠，临大节而不可夺之风。”《论语 · 泰伯》中曾子曰：“可以托六尺之孤,可以寄百里之命,临大节而不可夺也:君子人与？君子人也。”意思是：可以把年幼的君主托付给他，可以把国家的政权托付给他，面临生死存亡的紧急关头而不动摇屈服。这样的人是君子吗？是君子啊！

## 吾日三省吾身

出自《论语 · 学而》：“曾子曰：‘吾日三省吾身，为人谋而不忠乎？与朋友交而不信乎？传不习乎？’”世道纷纭，熙熙攘攘，心为外利所动，几乎失去真我；物欲横流，乃至人心不古。求诸外欲，而忽略了内存的诚信。如何对待浊世横流？孔子主张人应在人世间寻求与他人的契合，在求诸他人之时首先求诸自身：我是否做到了？以此感化世人，引导世人。在儒家，拥有存在的概念并非空洞，是个体的真实存在及其对整体的真诚关怀。正是因为社会的整体意识，人们才能时刻感觉人类和人性，感觉一种历史的社会的使命感；因为仁的道德基础，使人的人格能形成博爱的集体意志，由集体意志驱动个体的不停反思。故儒家对个体人格的追求是在集体人格的完善中得以完成的。

## 感于哀乐，缘事而发

出自《汉书·艺文志》："自孝武立乐府而采歌谣，于是有赵代之讴，秦楚之风，皆感于哀乐，缘事而发，亦可以观风俗、知薄厚云。"作者使用这个典故是为了说明新闻报道要有真实性。

## 专听生奸，独任成乱

历史上有作为的政治家，都是"广开言路"，"从谏如流"，"择善而从之"。毛泽东读《南史·贺瑒传》附《贺琛传》，对南朝梁武帝萧衍有两段发人深省的评论："萧衍善摄生，食不过量，中年以后不近女人。然予智自雄，小人日进，良佐自远，以至灭亡，不亦宜乎。""'专听生奸，独任成乱'，梁武有焉。""专听"即偏听，"独任"即偏信（信用）。毛泽东认为梁武帝治国，犯的大错之一即是"专听""独任"，以致"小人日进，良佐自远"，即让小人钻了空子，贤能的辅佐大臣都离他而去，他的败亡也就势所必然。侯景攻破建康宫城之日，梁武帝说过这样一句话："自我得之，自我失之，亦复何恨！"自古开国之君不少，有的举措失当，以致后继者丢失政权；从来没有天下由自己而得、由自己而失这样的事。梁武帝给后人留下了惨痛的教训。

## 勤俭于身，恩加于人

"勤俭于身，恩加于人"；在此，作者引用唐朝大臣马周的话告诫下属：自己勤奋节俭的人，自己严格要求的人，才能为老百姓办事。

公元633年，马周上书皇帝，对李世民为太上皇李渊大建宫室的做法提出了比较婉转的批评。在这篇奏折中，马周写道："微臣每读经史，见前贤忠孝之事，臣虽小人，窃希大道，未尝不废卷长想，思履其迹。臣以不幸，早失父母，犬马之养，已无所施，顾来事可为者，唯忠义而已。"他从自己的经历开始说起，说李世民想的是对的，对待父母就应该尽孝道。但马周认为现在唐朝初建，百业待兴，老百姓还很不富裕，应该以发展国力为先。等到以后国力有余了，再修建宫室尽孝道也不为晚。马周在这篇奏折中以非常平和的口气对李世民的这种做法提出了不同意见，结果很奏效。李世民看到后觉得马周说得很对，不但没有生气，除停止修建宫室外，还加封了马周的官职，让他更多参与朝政，马周更有了施展抱负的空间。

## 公生明，廉生威

明嘉靖年间，无极县知县郭允礼将一则座右铭（"吏不畏吾

吏不畏吾嚴而
畏吾廉民不服
吾能而服吾公
公则民不敢慢
廉则吏不敢欺

严而畏吾廉，民不服吾能而服吾公；公生明，廉生威”）题书于碑石上，此石被称为“官箴石”。官箴，就是对为官者的规戒和劝勉，实为为官之道。

据有关专家考证，官箴之言最早出自明朝曹端之口。他学崇朱熹，务重实践，被推为明初理学之冠。永乐二十年，曹端的学生郭晟乡试中试，授西安府同知，临上任前，去拜别恩师并讨教为政之道，曹端曰：“其公廉乎！公则民不敢慢，廉则吏不敢欺。”明朝著名的清官年富将曹端的名言做些许改动，增加了“公生明，廉生威”，用楷书书写刻碑立于泰安府衙内。

在公口不言利，当公法不阿亲，办事公道，出以公心，不偏不倚，百姓才能心悦诚服，否则，民将有怠慢上级之举。公生明，公才能明察；廉生威，廉才能使贪吏畏惧。一则官箴传至今日，仍然不失深刻寓意。

## 以公灭私，民其允怀

出自《尚书·周官》。大意为以公心灭私情，民众才会心悦诚服。

周成王平定殷商叛乱后，颁布了诰令《周官》；“以公灭私，民其允怀”就是其中的一句，旨在号召百官以公平之心除去私欲，赢得民众的信任。要做到这一点是很不容易的，所以这句话的后面又说:“议事以制，政乃不迷”；也就是说，如果按照典章制度行事，政治就不会迷乱。这一开明的为政思想，具有“民本”和“遵制”的双重内涵，出于公元前 11 世纪的西周初年，不能不令人赞叹。

## 杏林春暖

三国时，吴国侯官（今福建闽侯县）有一位叫董奉的人，是一位很高明的医生，传说有“仙术”。他“居山不种田，日为人治病亦不取钱。重病愈者使栽杏五株，轻者一株。如此数年，得十万余株，蔚然成林。乃使山中百禽群兽游戏其下，……后杏子大熟，于林中作一草仓，示时人曰：‘欲买杏不须报奉（不用告诉董奉本人），但将一器（容器）谷置仓中，即自往取一器杏去。’常有人置谷来少而取杏去多者，林中群虎出吼逐之，大怖，急走路傍，倾覆，至家量杏，一如谷多少。或有人偷杏者，虎逐之，到家啮至死。家人知其偷杏，乃送还奉，叩头谢过，乃却使活。奉每年货杏得谷，旋以账救贫乏，供给行旅不逮者（旅客断了盘费的），岁二万余人……。”后来董奉“仙去”了。

为了感激董奉的德行，有人写了“杏林春暖”的条幅挂在他家门口。从此，许多中药店都挂上了“杏林春暖”的匾额，“杏林”也逐渐成了中医药行业的代名词。

## 靡不有初，鲜克有终

出自《诗经·大雅·荡》：“荡荡上帝，下民之辟。疾威上帝，其命多辟。天生烝民，其命匪谌。靡不有初，鲜克有终。”靡：无；初：开始；鲜：少；克：能。事情都有个开头，但很少能到终了。多用以告诫人们为人做事要善始善终。作者借此也是勉励党员干部要一以贯之，善始善终。

世人行文，常出现博士卖驴——下笔万言、不见驴字、言终不及义的状况。作者在此对“靡不有初，鲜克有终”这种短小精辟、意义隽永的表述方式大加推崇，借此倡导一种优良文风。

## 不畏浮云遮望眼，自缘身在最高层

出自宋朝王安石《登飞来峰》。意思是说，尽管天空中有朵朵浮云，可是我也不必害怕它挡住我的眼睛。因为只要登高就能望远，现在我站在塔的最高层顶。

1050年，王安石年近三十，在任浙江鄞县知县期间已曾局部实践青苗改革，后届满回江西临川的路上登飞来峰作此诗。在鸡鸣五更、海上日升时，慨叹“不畏浮云遮望眼”，一方面正视政治改革的掣肘和自身的孤绝，另一方面又乐观地瞻望前景；这与诗圣杜甫《望岳》中“会当凌绝顶，一览众山小”的意境非常相似，与唐朝诗人王之涣《登鹳雀楼》诗“白日依山尽，黄河入海流，欲穷千里目，更上一层楼”，亦有异曲同工之妙。

## 千门万户曈曈日，总把新桃换旧符

出自宋朝王安石《元日》。曈曈:朝阳升起的样子。桃:桃符。古时人们用两块桃木板挂在门旁，以作压邪；五代起在桃符上写联语，成为对联。此诗描写民间过年习俗，表现了万象更新、健康向上的精神，喜气洋溢，富有生活气息。

王安石既是政治家，又是诗人。他不少描景绘物的诗都寓有强烈的政治内容。本诗就是通过对新年新气象的描写，抒写自己执政变法、除旧布新、强国富民的抱负和乐观自信的情绪。

## 封坛退鱼

东晋政治家、军事家陶侃，年轻时曾在浔阳县做过“监鱼梁”(主管渔业生产的小官)。有一次,他的部下见其生活清苦，送给他一坛糟鱼。孝顺的陶侃惦念母亲平素好吃糟鱼，便趁同事出差之机,顺便给母亲捎去这坛糟鱼。陶母收到后不喜反忧，叫人带回，并附信责备儿子:“尔为吏，以官物遗我，非惟不能益吾，乃以增吾忧矣。”陶侃收到母亲的信，万分愧疚，深感辜负了母亲的训导。从此，陶侃为官更为公正廉洁，深受百姓爱戴。

廉洁也是一种孝心，是这则故事留给我们的一份深刻启示。

## 截发延宾

“截发延宾”说的同样是陶侃的故事。陶侃幼时，家境贫寒，陶母含辛茹苦，靠纺纱织麻维持生计，供养陶侃读书。陶母时常诫子务“使结交胜己”(交朋友要交比自己强的人，也就是孔子所说的，“毋友不如己者”)。有一天，陶侃的好友范逵等数人途经新淦，见冰雪封道，且又天色将晚，特来陶侃家借宿。可是家中“室如悬磬”，拿什么来招待客人呢？陶侃一时手足无措，过意不去;范逵也显得尴尬。陶母见状，连忙上前热情招呼客人，同时要侃儿和客人聊聊天，叙叙旧。然后，她便转过身去安排食宿问题。家中早已无钱买米，怎么办呢？陶母习惯地用手捋了一下鬓角，顿时想出了办法。她趁客人们闲坐寒喧之际，毫不犹豫地拿出剪刀，“咔嚓”一声将青丝剪下，编成假发，旋即出门卖与邻人，换回了米油酒菜。还有柴火、马料，在这冰天雪地里也难寻觅，陶母便撬下几块旧楼板当柴烧，把垫在床上的禾草席子拿出来切碎喂马。范逵等人深为感动，连声赞道:“非此母不生此子！”

陶母截发延宾、锉荐喂马之事，乡里传谈，以为贤良。官府特为陶母住所立坊，名为“延宾坊”，命屋边之桥为“德化桥”，以此嘉彰这位贤母。范仲淹知饶州时，曾下令于德化桥头立“延宾坊故址”巨碑，供人瞻仰。

## 有心访僧来莲社，无意送客过虎溪

慧远初学儒家、老庄，21岁往太行恒山（今河北曲阳西北）参见道安，听讲《放光般若》，豁然开悟后，以为佛教远胜儒道，遂从而出家。入庐山住东林寺，领众修道。慧远善于般若，并兼倡阿毗昙、戒律、禅法。因此中观、戒律、禅、教以及关中胜义，都仗慧远而流播南方。他看到当时南方佛经很不齐备，禅法无闻，律藏残缺，就派遣弟子法净、法领等人远度葱岭，寻求佛经。这些弟子跋山涉水，历尽艰辛，从西域带回《方等》新经两百余部，得以传译。慧远曾与刘遗民等人在阿弥陀像前立誓，这是佛教史上最早的结社。这一结社的目的就是专修“净土”之法，以期死后往生“西方”。故后世净土宗尊其为初祖。

莲社。当时的名仕谢灵运，钦服慧远，替他在东林寺中开东西两池，遍种白莲，慧远所创之社，遂称“白莲社”，因此，后来净土宗又称“莲宗”。

虎溪。慧远在庐山居住三十多年，始终影不出山，迹不入谷，每送客散步，也只以庐山虎溪为界，他孜孜为道，务在弘法，是从事佛教活动最重要的时期。

篇四

# 掩卷感评

# 一部生动的城市改革教科书 *

## ——读《汉水横冲——武汉城市改革的实践与思考》

任明

在我们隆重纪念改革开放三十周年之际，吴官正同志所著《汉水横冲——武汉城市改革的实践与思考》一书，由人民出版社正式出版发行。本书既反映和记录了武汉城市改革初期的鲜活实践，又探索和阐释了一种系统的城市改革理论，是一部生动的城市改革教科书。

**本书印记了武汉城市改革这一在改革开放初期有着全国影响力的改革试点的历史发展轨迹，具有较高的史料价值和纪念意义。**

吴官正同志任湖北省武汉市市长的年代，恰逢中国城市经济体制改革的兴起。在 1983 年走上市长岗位后，他在省委、省政府领导下，特别是在省委副书记、市委第一书记王群同志为班长的集体领导和支持下，与市委、市政府班子成员一起，认真听取各方专家学者的意见，深入研究如何发挥武汉作为区域中心城市的作用，积极争取中央批准武汉计划单列，进行城市经济体制综合改革。1984 年 9 月 23 日，中共中央国务院正式批转武汉市经济体制综合改革试点实施方案报告。武汉三镇这个“自守”了三十多年的“城堡”终于敞开大门，在经济社会发展中从此放开手脚，大胆创新，在当时全国城市改革大潮中产生了重要影响。其中有些重要领域的决策，当时中央领导称为“有胆略的决定”。

本书以大量文献材料生动记录了这场波澜壮阔的改革实践历程，记录了吴官正同志与武汉广大干部群众一起，顺应历史，敢为天下先，不断开拓进取，

* 此文原载于《光明日报》。

冲破旧体制的束缚，解放生产力、发展生产力的心路历程：大胆放开蔬菜和副食品价格，探索产销体制改革；敞开三镇大门，让企业经竞争的风雨，见市场的世面；聘请洋厂长，推行现代经营管理；试行企业破产，实行资源重组；引入竞争机制，试行洗衣机配件招标投标；加强对市场监管，制止不正当竞争；率先成立市政府咨询委员会，努力实现决策的科学化、民主化；带头实施对口扶贫，关心贫困地区人民群众的生活；调查服务行业和城市管理的薄弱环节，不断扩大城市的开放度，提高城市改革发展和管理水平……这些领域的重大变革，充分体现了武汉市广大干部群众的胆识和智慧，是特别值得梳理和总结的改革史内容。本书从决策领导者的角度提供和存留了大量翔实可靠的城市改革史材料，体现出较高的资料价值。本书名为《汉水横冲》（取自唐代杜牧《寄牛相公》中的佳句“汉水横冲蜀浪分”），也非常贴切地反映和体现了上述内容，意为华中重镇武汉，按照中央的改革精神，从实际出发，积极探索，敢为人先，大胆改革，使改革一浪高一浪地向前发展。

今年是改革开放三十周年。本书对武汉城市改革这一在改革开放初期全国城市经济体制改革中有着重要影响力的改革试点的经验所作的理论与实践上的系统梳理和总结，对于我们今天进一步推动改革开放事业，有着特别的纪念意义。

**本书探索了一种关于城市改革问题的科学新思维，提供了一个科学理论运用于社会实践的研究范例，具有较高的理论价值和现实参考意义。**

如何把当代科学的前沿理论和思想合理运用到社会问题的解决中，从来都是一个理论与实践难题。本书下篇《城市改革与系统工程》以系统科学思想（一般系统论、信息论、控制论、系统工程）深入分析了城市改革问题。这些理论分析从系统的开放性、动态性、层级性、系统与环境的相互作用、信息与控制等不同视角，结合作者许多亲历的鲜活案例，揭示出城市改革的复杂性，并提出了城市改革决策与管理的科学思维原则与有效对策。

本书将系统科学思想运用于城市改革的实际，研究城市发展中出现的问题，探寻城市问题产生的原因，寻找解决问题的对策，可以说是一部运用系统科学思想分析问题、解决问题的重要著作，是将系统科学思想运用于社会实践的一个典范。正是在系统科学思想这一科学思维范式中，本书全面探索和构建了一个较为系统的城市理论。它整合了城市经济学、城市社会学、城市管理学的有关内容，提出了一系列重要观点并进行了论证和阐发。本书对城市系统、城市环境、城市结构与功能、城市现代化的分析深刻、全面、科学，一些观点如在城市改革中完善控制系统、改革城市管理体制、转变政府职能、用改革的办法解决改革中出现的问题、城乡通开、在进行物质文明建设的同时大力加强精神文明建设、开创教育科技事业新局面等，在今天还具有重要的理论价值和深远的社会意义。

有必要说明的是，本书下篇内容是吴官正同志在1985年应邀在中央党校市长研究班上所作的题为《城市改革是一个巨大的社会系统工程》的讲课稿的基础上，根据有关部门和部分理论工作者以及从事城市管理和建设的同志的要求，经过近两年的努力修改充实而成的（曾于1988年以《城市改革与系统工程》为书名，由湖北教育出版社公开出版）。这一理论体系的建构有着深厚的经验支撑，它以武汉市城市改革为背景，建立在大量的调查研究基础之上，其铺陈体现出理论与实践相结合、理论分析与对策研究相结合的特征，即一方面运用科学理论分析具体的事例，另一方面又用事例来解释和验证科学理论，试图在理论和实践之间搭建起一座桥梁。也正因为这一理论体系强烈的实证经验论色彩，而不是简单的理论上的生搬硬套，赋予了其本身长久的生命力：这一系统化的理论不仅在当时对我国城市经济体制改革的深化和城市经济理论的研究都起到了有力的促进作用，即使在今天其许多见解和思路仍然具有重要的参考价值。我们相信，本书对于推进包括新近获批的“武汉城市圈”改革试验在内的当下中国城市改革，仍将发挥积极作用。

**本书渗透和彰显了改革者敢字当头、勇于创新、一心为公为民的精神特质，具有很强的思想价值和教育意义。**

相对于成功的经验，相对于科学的理论，精神的价值更为恒久深远。阅读本书，我们能强烈地感受到改革者特别是改革领导者在改革发轫之初所秉持和坚守的精神的力量。

我们的改革怎样才能取得较大的突破？吴官正同志在改革初期的讲话中

鲜明地提出要有“三股劲”:“一是要有勇于创新、积极进取的闯劲；二是要有无私无畏、百折不挠的韧劲；三是要有严于治理、动真碰硬的狠劲。改革是没有现成模式的，只有敢字当头，大胆探索，大胆创新，才能取得成功。改革是一场革命，必然触动一些部门和人员的既得利益，会遇到来自各方面的压力、阻力，改革者就要有无私无畏的凛然正气，勇于克服各种阻力，坚决把改革搞到底。”确实如此，敞开三镇大门，招来了“岂不是引狼入室”、“让外商来汉办厂设店岂不是把武汉交给了洋人”的责骂声；聘任“洋厂长”，引起了“难道就挑不出一个中国人当厂长”的非议；武汉毛巾厂甚至发生为对抗改革而行凶杀人的事件……本书所记录的改革者在改革初期的种种艰难遭遇，再真切不过地凸显了改革者要冲破牢笼、破旧创新，必须具有披荆斩棘打冲锋的勇气和胆略。

坚持以人为本，尊重人，关心人，为了人，依靠人，是马克思主义的基本观点。改革者特别是改革领导者，更要崇尚人的价值、重视人的作用，要深怀爱民之心、恪守为民之责、善谋为民之策，要深入了解民情、充分反映民意、广泛集中民智、不断实现民利；惟其如此，改革才能得到最广大人民群众的拥护，改革也才能取得最好的成效。武汉城市经济体制综合改革作为一次成功的改革试点，充分印证和体现了改革领导者和广大人民群众之间的深情厚谊。从吴官正同志刚刚走上市长岗位时有关“我来自人民，服务于人民”“要在干中学，学中干”“要想大事，干实事”的三点表态，到以后开通“我是27777市长专线电话”、微服出访遭服务人员辱骂却坚持“要讲处分先处分我这个当市长的”、成立被人们称为智力“集团军”的武汉市政府咨询委员会、治理黄孝河等老百姓切身感受到的实事，本书所摘录的这些生动材料，充分体现了一个改革领导者强烈的百姓情怀：要紧紧围绕人民群众最现实、最关心、最直接的利益，倾听群众呼声，体察群众情绪，反映群众诉求，关心群众疾苦，急群众之所急，想群众之所想，办群众之所需。

应该说，改革者在改革初期所形成和展现的这些可贵精神品质与精神涵养，对于现在与未来的改革者，对于进一步推进改革开放伟大事业，都有着恒久的思想启示意义。诠释和传递这一精神伟力，也是本书的重要价值所在。

# “清心为治本，直道是身谋”*

## ——读《正道直行——党风廉政建设的实践与思考》

郑治

吴官正同志《正道直行——党风廉政建设的实践与思考》一书，已由人民出版社出版。该书主要选编了吴官正同志在湖北省武汉市、江西省、山东省主持工作期间和在中央纪委主持工作期间，关于党风廉政建设方面的部分讲话、谈话、文章、书信和批示，其中大多数篇目为第一次公开发表。所选内容鲜活生动，蕴涵深刻，脉络清晰，较好地反映了吴官正同志从事党风廉政建设工作的长期实践和创新性思考，对于进一步推动新时期党风廉政建设和反腐败斗争的深入开展与研究，具有重要的现实指导意义和理论参考价值。

**本书是改革开放以来特别是新世纪新阶段我们党党风廉政建设和反腐败斗争伟大实践的生动写照，是党的建设的重要文献。**

加强党风廉政建设，是党的建设新的伟大工程的重要组成部分，是党必须始终抓好的重大政治任务。党风廉政建设能否搞好，影响到党的形象，决定着人心向背，关系到党的生死存亡。吴官正同志在长期担任地方主要领导期间，十分重视党风和反腐倡廉建设工作。主持中央纪委工作后，坚持以邓小平理论、“三个代表”重要思想为指导，在以胡锦涛同志为总书记的党中央领导下，依靠全党同志，在过去的基础上，中央纪委积极探索坚持和完善反腐倡廉方针、建立健全惩治和预防腐败体系、拓宽从源头上防治腐败工作领域三者统一的中国特色反腐倡廉新路子；强调加强制度建设，制定制度要坚持实事求是的原则，行得通、做得到；强调维护党的章程，遵守党的纪律，加强对领导干部特别是主要领导干部的监督；强调要深挖腐败分子，对违纪

---

* 此文原载于《光明日报》。

干部要注重惩前毖后、治病救人，进一步改进和规范党内审查措施；情系群众，强调要切实解决损害群众切身利益的突出问题，真正维护人民群众的利益；积极推进纪检监察体制改革，强调加强反腐败国际合作……。

这些富有创新精神的廉政方略，这一系列关于党风廉政建设的新思路新观点，在本书收录的诸多讲话和文章中得到了很好的体现。如吴官正同志在山东主持工作期间的讲话《着眼教育 健全制度 强化监督 进一步推进党风廉政建设》，同主持中央纪委工作时的讲话《逐步建立起中国特色的教育制度监督三者并重、相互配套的预防腐败体系》，其基本精神和主要内涵一脉相承，较好地反映了党风廉政建设中一些重大决策的历史形成过程。《把制度建设贯穿于反腐倡廉工作的各个环节》、《坚持标本兼治、综合治理、惩防并举、注重预防的反腐倡廉方针》、《拓宽从源头上防治腐败工作领域》等讲话和文章蕴涵丰富、思想深刻，是新时期反腐倡廉建设理论与实践的生动记录，具有重要的文献价值和理论研究价值。

**本书洋溢着一个党的高级领导干部强烈的百姓情怀，体现了一个共产党人坦荡的品行操守和应有的浩然正气，是一部深刻的道德教科书。**

是心系群众、服务人民，还是高高在上、脱离群众，这是衡量党风特别是领导干部作风好坏的试金石。领导干部心系群众、服务人民，同人民群众同呼吸、共命运、心连心，是实践全心全意为人民服务根本宗旨、坚持立党为公执政为民的本质要求。

吴官正同志出身布衣，对人民群众怀有深厚的感情。无论在地方还是在中央，作为领导干部，他始终情系群众、心向人民，视民如伤、疾恶如仇。本书从第一篇文章开始，就处处体现了吴官正同志这种强烈的百姓情怀：面对一段时间内武汉市建房分房中的不正之风，他在讲话中问道："这股歪风的核心问题，是以权谋私……我们有权，是拿权以权谋私呢，还是拿权为人民服务呢？这是检验政党好与坏的根本问题。"在到山东上任第一天看望省信访局工作人员发表的讲话中，他提出："我们当干部的，就应当为人民办事，少说空话，多办实事，多办好事。信访部门是了解老百姓脉搏的'窗口'"。在国家环保总局调研时的讲话中，他提出要“切实维护人民群众的环境权益”。在国家食品药品监督管理局调研时的讲话中，他指出：“认真解决食品药品领域中损害群众利益的问题，对制售假冒伪劣的要严惩不贷。”“谁得罪了群众，谁就得罪了共产党，得罪了政府，我们就要坚决查处他。”……通读全书，我们能处处感受到一个党的高级领导干部对人民群众的深厚感情：“一枝一叶总关情”，对普通老百姓要察其苦、听其呼、想其思、急其盼、办其需，这在吴官正同志看来是“党员干部应有的政治立场，也是应有的道德品质”。

对待群众的态度，体现了一个党员干部的政治品质，同时也往往决定了他自身的品行操守，两者常常是一脉相通的。正是在与人民群众同甘共苦、大公无私为民谋利中，才磨砺出一代代共产党人的政治本色和浩然正气。吴官正同志虽然长期处在领导岗位，但始终身体力行，严于律己，始终严格要求亲属和身边工作人员，充分体现了他坦荡的君子风度：他要求山东省委办公厅负责同志：“今后，如有人以我的亲属、熟人或朋友的名义（不管是真是假），来山东要求提供方便和照顾，包括经济往来、法律纠纷、人事安排、工作调动等等，一概严厉拒绝。”在为子女婚事简办所写的信中，他提出“一不受任何人的礼，二不请客”；在父亲去世时给亲属的信中，他要求做到：“丧事一切从简，决不能大操大办，决不要收受任何人的钱财，决不可劳烦当地政府。”“父亲已入土为安，他同母亲相伴……永远不可损坏或扰动他们的邻居。也永远不要建什么亭子,也不要在坟墓间修一条通向父母墓地的路”……。本书所反映和收录的这些真切生动的事例，充分体现了一个党员干部讲操守、重品行、保持高尚道德追求的精神境界，其言其行，读来甚为感人，具有很强的思想道德教育意义。

本书名为《正道直行》（取自宋代包拯《书端州郡斋壁》中“直道是身谋”的佳句），恰切不过地提领出上述内涵，意为正道直行是立身的纲领，体现了无私奉献、公正廉洁、为民富民的思想，这是一个共产党员，特别是党的领导干部应有的境界和品格。

**本书文风简洁精悍，语言生动活泼，透露出深厚的文化底蕴和个性化的人生体悟，是一部可读性、启示性很强的政治文化精品。**

吴官正同志一直提倡改进文风，反对文牍主义。文如其人，本书收录的很多篇目可以说是一次很好的语言学试验：政治文章写出了文化味儿，写出了人情味儿。

全书内容在叙述过程中引用了大量名言警句，运用了大量名人典故，彰显了个性特质。比如，用“居庙堂之高则忧其民，处江湖之远则忧其君”、“意莫高于爱民，行莫厚于乐民”等说明要把人民群众的冷暖疾苦时刻挂在心上，始终把人民的利益放在第一位；用“吏不畏吾严而畏吾廉，民不服吾能而服吾公”、“公生明，廉生威”说明当干部一要公道，二要廉洁;等等。而在《扁鹊三兄弟故事的启示》、《要继承和发扬优良传统》等篇中，各种名人典故信手拈来，旁征博引，并进行了鞭辟入里的分析，恰如其分，恰到好处，使得严肃而枯燥的政治议题顿时趣味盎然，耐人回味。

本书很多篇目同时融入了吴官正同志自身透彻的人生感悟，这增添了内容的真情实感，其中不乏醒世良言、警示箴言，读后令人铭记难忘。比如在《竹与柳的联想》中，他说：“你们看，竹子咬定青山不放松，任尔东西南北风，是那样坚定不移。看到竹子，我们就会联想到，在政治上一定要忠于党，忠于人民，忠于祖国”“你们听，竹子的枝叶常常发出萧萧声，那是人民的心声啊！看到竹子，我们就会联想到，作为党的干部，任何时候都要关心群众的疾苦”“你们看到过竹子开花吗……看到竹子，我们就会联想到，在任何情况下都要严格要求自己，洁身自好，廉洁奉公。”“你们看，竹子长得很高吧，但里面却是空的。”要“‘学习,学习,再学习’,像竹子那样‘长到凌空仍虚心’”。在《老老实实做人踏踏实实做事》中，他说:“我们就像猴子，都有一条尾巴。平时蹲在地上的时候，尾巴不容易被看到、抓到，爬到树上，尾巴就露出来了。所以，要夹着尾巴做人。”在《忠厚谦让，不做亏心事》一信中，他说：“历史和现实告诉我们，忠厚好，谦让好，吃亏好，这对后代好！”……这些饱含着人生哲理和智慧的“真心话”进一步提升了本书内容的感染力，增强了本书的可读性、趣味性和精神启迪性。

# “一枝一叶总关情”*

## ——读《民贵泰山——山东改革发展稳定的实践与思考》

张熙

吴官正同志《民贵泰山——山东改革发展稳定的实践与思考》一书，已由人民出版社出版。本书收录了吴官正同志任中共中央政治局委员、山东省委书记期间的部分讲话、谈话、文章、书信和批示，其中大多数篇目是第一次公开发表。阅读本书，我们能深切而强烈地感受到作者那份真挚的百姓情怀和人民至上的理念；特别是围绕鲜活生动的改革发展实践所作的前瞻性、创新性探索，给我们以深刻的启迪和借鉴。

**本书贯穿“爱民、为民、富民、安民”的思想主线，具有鲜明生动的教育启示意义。**

书名《民贵泰山》兼取了孟子的名言“民为贵，社稷次之，君为轻”和泰山“五岳独尊”之意，即国家政治以民为本，人民利益重于泰山，人民之尊贵于泰山。这里体现了一种既有历史渊源又有现代价值的深刻政治哲学和执政理念。

儒家认为，“天”意联系并体现或反映着“民”意，故而“天下”又是与“民”和“公”直接同一的，此即《尚书》所谓“天视自我民视，天听自我民听”，亦即孟子所谓“得天下有道，得其民，斯得天下矣”。这些都体现了儒家思想传统中的民本政治思想。马克思主义实现了西方政治思想中带有根本意义的转折，创造了全新的政治思想体系。唯物史观强调，人民群众是历史的创造者；而全心全意为人民服务，则是无产阶级政党的根本宗旨。正如胡锦涛同志所指出的，“相信谁、依靠谁、为了谁，是否始终站在人民的立场上，是区分唯

* 此文原载于《光明日报》。

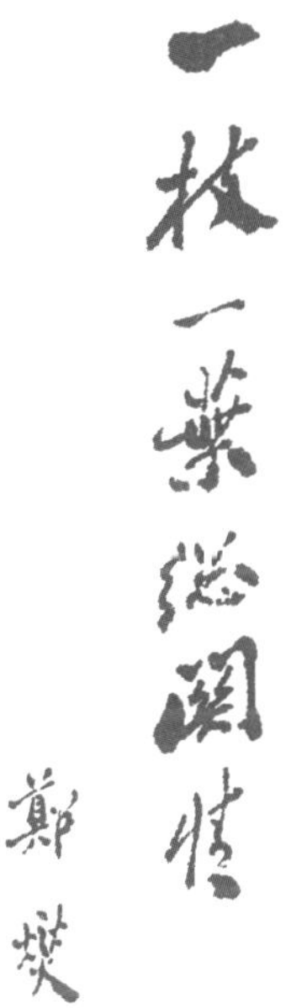


物史观和唯心史观的分水岭，也是判断马克思主义政党的试金石。”

本书字里行间，既透露着中国传统民本思想的精蕴，更充溢着一位坚定的马克思主义者的为民情怀。作者说：“《尚书》中讲：‘民惟邦本，本固邦宁。’孟子讲：‘民为贵’。清朝郑板桥做潍县县令时曾写过这样一首诗：‘衙斋卧听萧萧竹，疑是民间疾苦声。些小吾曹州县吏，一枝一叶总关情。’作为封建时代的人尚且如此，我们共产党人，难道不应该对人民群众有更加深厚的感情吗？”他鲜明地提出：“每一位党员干部，都要有爱民、为民、富民、安民的思想，满腔热忱、真心实意地为群众排忧解难，让群众话有处说，理有处讲，冤有处诉，事有处办。”他认为，“人民群众是我们的衣食父母，是‘邦之命脉’。没有人民群众的支持，我们的党就成了无本之木、无源之水，我们的所有工作就没有任何意义，我们的一切努力也都不能成功。”

作者同时指出，密切联系群众，不仅是起码的为政之道，更是世界观、价值观问题；因而，特别强调对人民群众要有深厚的感情。这其中体现了深刻的人文精神和人文关怀。通读全书，一个党的高级领导干部对于人民群众那种发自内心深处的情感与热爱，给人以强烈感染。比如，作者始终高度重视群众来信来访，在到山东省上任第一天走访省信访局的谈话即本书开篇《重视通过信访渠道察民情解民忧》中，他说："如果群众把气出到你们身上，心情能够舒畅一些的话，我看你们就作出了贡献。如果有人对不住你们，千万不要怪罪群众，就算是我对不住你们。"在《要公正地对待老百姓》一文中，他说："我现在处理信访时，总是想到穷人，想到要公正地对待老百姓。忘记过去就意味着背叛，忘记了穷人同样意味着背叛。"这些平实的话语，体现着作者对人民群众的情真意切。在实际工作部署中，作者对确保困难群众基本生活、安排下岗职工再就业、减轻农民负担、以关爱之心挽救失足少年、城市建设中维护群众利益、推广"民心工程"、维护和促进社会公正等各项措施的落实，都高度重视、抓得具体实在，体现出对人民幸福和社会公正的高度关注。本书收录的这方面文字、反映的有关工作实践，对于广大党员干部尤其具有重要而深刻的教育意义，是一部推进学习型党组织建设的好教材。

**本书反映了山东改革发展稳定的一段生动实践，其中的一些探索性、前瞻性和创新性思路，对于深入贯彻落实科学发展观，加快转变发展方式，具有普遍的现实意义。**

改革开放以来，山东经济社会发展实现了历史性跨跃，成为我国经济大省之一。吴官正同志在山东工作期间，适逢山东改革发展稳定的关键时期。在全面推进山东社会主义现代化建设过程中，他团结带领省委一班人，紧紧依靠广大干部群众，着力解决影响经济社会发展的突出矛盾和问题，采取了一系列创造性措施，提出了一些创新性思路，作出了许多前瞻性思考，不仅在当时具有很强的针对性、实效性，对于解决我们当前面临的经济社会发展问题特别是事关全局的加快经济发展方式转变问题，同样有着重要的借鉴和参照价值。

本书收录的关于改革开放和经济建设的大量篇目，反映了作者在实践探索过程中的一些深邃思考。比如，在《建设经济强省关键在于转变增长方式》一文中，提出："实现由经济大省向经济强省的跨越，关键在于促进经济增长方式的转变，提高全省经济的整体素质。"在《进一步调整和优化经济结构》、《关键在于提高经济发展的科技含量》、《努力增强科技创新能力》等文中，就加快推进经济结构调整、产业结构调整，加快推进自主创新等问题作了深入的阐述；在《山区开发要讲求生态效益》、《坚持开源节流并重 解决水资源问题》、《开发保护海洋 建设"海上山东"》等文中，对加快推进生态文明建设、深入实施可持续发展战略中的重大问题作了有针对性的研究部署；在《研究墨学 古为今用》、《做好齐文化旅游开发这篇文章》、《加强"文化纽带"建设先进文化》等文中，就保护文化遗产、发展文化产业作了具体论述；在《以更加积极的姿态扩大对外开放》、《实施经济国际化战略》等文中，对加快推进对外经济发展方式转变、不断提高开放型经济水平的问题作了阐述；作者还多次对领导干部要了解金融、熟悉金融，用好财税金融手段、防范化解金融风险等问题作了强调和提示等。这些重要论述，对于今天我们广大党员干部深入贯彻落实科学发展观，加快经济发展方式转变，促进经济社会又好又快发展，仍然有着重要的指导意义。

**本书语言朴实，内容精要，立意高远，体现了务实求真的个人风格，为切实改进文风，提供了一个有益的参考文本。**

本书的大多数篇目都非常简短，没有长篇大论，言语平实简洁，内容具体充实；主要是从一个领导决策者的角度讲观点、讲要求、讲怎么干，针对性、实践性强，在很多问题上入木三分。这种文风的魅力，在于一个"实"字，与作者一贯朴实、求实、唯实的思想作风和工作作风一脉相通；在于一个"情"字，与作者始终心系群众、视民如伤的浓烈百姓情怀一脉相承。在作者看来，一个党员干部，只有既坚持实事求是，又饱含真情实意，不讲假话、大话，少说空话、套话，多说实话、真心话、管用的话，才能得到人民群众的真心拥护，才会产生凝聚力、影响力。

本书语言洗练、干净、朴素，言简意赅而又耐人寻味，形成了独特风格，达到了很高境界。作者的文风，反映和体现出重“实”重“情”的思想风格，与其所受到的优秀民族文化熏陶和马克思主义思想修养密不可分。作者深刻指出：“任何一个民族的自尊、自信和自豪，都源自本民族深厚灿烂的文化。有特色有个性的民族文化，是一个民族的灵魂。”作者对文学典籍和历史、哲学等人文知识有很深的体认和感悟。比如，在《做好齐文化旅游开发这篇文章》中，他说：“齐文化主要是工商文化，主张发展生产力；鲁文化主要是道德文化，强调修身齐家治国平天下，受到封建统治者的推崇，成为中国封建文化的主流。”在《文学艺术要反映时代风貌 弘扬民族精神》一文中，作者从不同层面列举历史上的文化名人及其主要文化贡献，旁征博引，忽而思接千载，忽而关注现实，文章中饱含着的那份对于包括齐鲁文化在内的民族文化的深情与自豪感，足以感染每一个读者。从中，我们也能更深地领悟到一种语言美、精神美和人文美。

# 迈进在红专大道上 *

量五通讯组
(1965 年 8 月 13 日 )

我校 2300 多名应届毕业生结束了大学生活,就要走上工作岗位了。六年来,他们在党的教导下,沿着又红又专的方向,德智体各方面都取得了显著的进步。动力系量五班的吴官正同学就是其中的一个。

**做一个自觉的革命战士**

吴官正出生在一个贫农家庭。解放前，一家人没有房子没有耕牛，父亲租地主的田地种，他自己几岁的时候就参加了劳动。解放后，他们家和全国农民一起翻了身，他才有了读书的机会，上完小学，又上了中学，1959 年又进了大学。吴官正有着热爱党、热爱社会主义的朴素感情，但是，要把自己培养成一个怎样的人，认识还是很不够的。他觉得自己这个贫农的孩子，能到北京来上大学，是过去做梦也不敢想的，没有党就没有今天的幸福生活，一定要好好学习、好好工作，报答党的恩情。在一次聊天时，他谈到自己的这个想法，党支部一个同志问他说 :“你的恩报完了又怎么办呢？”他受到很大启发，想了很多。他想起毛主席著作里《纪念白求恩》这篇文章。他想 :白求恩是一个加拿大共产党员，千里迢迢来到中国，他是报谁的恩呢? 他是一个真正的革命战士，为了天下劳动人民的解放而来中国！想到这里，吴官正觉得自己应该把眼光放远一些，像白求恩那样，为天下劳动人民服务，做一个自觉的革命战士。

吴官正通过自己的实践愈来愈体会到，要做一个自觉的革命战士，必须

* 此文原载于清华大学校报《新清华》。

坚持学习马克思主义，学习毛主席著作，提高自己的思想觉悟。在1960年底，全校同学学习了《列宁主义万岁》等三篇文章，他认真学习文件，反复领会其精神，懂得了什么是马列主义，什么是修正主义，他把“三篇文章”所阐述的马列主义观点同一些修正主义者的言论和文章进行对比分析。他联系报纸上当时的报道：修正主义集团不支持民族解放斗争，反而同美帝国主义的头子艾森豪威尔打得火热，对印度反动派进行军事援助等事实，觉得赫鲁晓夫就是当代修正主义的头子。不久，报上刊出了赫鲁晓夫在布加勒斯特会议上的讲话，吴官正看过之后更加肯定了自己的看法。当时，在群众中对赫鲁晓夫集团的修正主义面目还认不清楚，他把自己的看法向组织作了汇报，在班上讨论“战争与和平”等问题时，他搜集了大量事实进行分析，给大家很大启发。这时，他深深感到我们党在国际共产主义运动中所担负的责任更重了，感到青年一代未来的责任是多么重大，决心加速自己的思想改造，争取早日成为一个共产党员。

从此以后，他在思想、学习和工作中都自觉地严格要求自己。进步较快，1962年春光荣地参加了中国共产党。

### 坚持又红又专方向　以红带专

在学习方面吴官正能够坚持又红又专方向，高标准要求自己。

刚进大学时，由于他说话带有浓厚的江西口音，发音老发不准，外文学习遇到很大困难。当时他思想上很苦恼，上其他课时还想“同学们回答得那样好，发音那样准，独有我……唉，真出丑！”通过学习目的和红专问题的学习讨论，他认识到：我们的学习，是党和人民交给的一项政治任务；我们是为祖国、为革命而学习，并不是为了个人的面子和名利。在教师帮助下，他找到自己外文学习困难的关键在于发音，就着重练习发音，每天很早就爬起来练习。上其他课时也不再去想外文了。就这样，他很快就克服了外文学习的困难，并成为班上第一批通过俄文的同学之一。

在二年级时，班上有个别同学看到别人重视学习，就片面地认为是“只关心学习、不重视政治”。吴官正觉得“党要我们又红又专，努力学习怎么就是不重视政治？”他反复向同学们说明用功读书，并不是个人主义的道理。只要学习目的正确，刻苦钻研正是党的要求，革命的需要。在他的影响下，班上一些同学忽视学习的片面思想很快地得到了纠正，并逐渐形成了认真钻研，努力学习的好学风。由于吴官正有明确的学习目的，他在学习中十分勤奋，又坚持理论联系实际，因而学得又扎实又活。大学几年来，各门功课一直保持优良成绩。

今年量五同学在上海某研究所进行毕业设计时，吴官正他们小组接受了一个专题任务。一开始，有人认为“这类问题从来没有碰到过，我们这么一点点专业知识，能行吗？”他们来到现场看到由于这个问题没有解决，工人们不得不在很不安全的条件下进行工作。吴官正想：“党和人民培养了我们，就是希望我们能更好地为党为人民服务。现在正是党用得着我们的时候，我们决不能前怕狼后怕虎。”他激动地向同学们说：“领导上要求我们为了工人的安全，无论如何必须解决这个问题，我们一定要带着阶级感情战胜困难。”他们克服了畏难情绪，满怀信心地接受了这个任务。

在毕业设计任务中，需要做一个仪表。制成后误差很大，大家访问工人，查阅文献，忙了两个多星期，问题仍没有得到解决。有同学说：“这个现象怕是无法解释了！”也有人说：“还是另找出路吧！”吴官正想：毛主席教导我们，世界上只有未被认识的事物，没有不可认识的事物。现在的问题解决不了，就是我们的工作还没有做到家！他鼓励大家不要灰心，继续研究，还和党支部一起对这个问题进行了讨论。他们又经过多次的试验，终于找到了产生误差的原因。

他们比较好地完成了全部毕业设计任务，有力地支援了合作单位的生产，受到了研究所和工人师傅的表扬。工人师傅都说：“看到你们的毕业设计的成果，就知道你们学习得好！”吴官正激动地说：“这是党，是毛主席教育的结果！”

**帮助同学做到全面发展**

几年来，吴官正担任了团支委、团支部书记的工作。同学们都说他是一个好干部，是同学的知心朋友。

有一位同学，学习一向抓得很紧，成绩优秀，是班上比较突出的一个。在大一时，这位同学对牛顿、爱因斯坦等资产阶级科学家很崇拜，再加上他对班集体和同学关心不够，有人就嫌他落后，不愿接近他。吴官正心里想："党教导我们，要帮助学习成绩优异的同学学习得更好。同时，要帮助他做到全面发展。我们应该主动地接近这位同学。"有人说他"这是鼓励只专不红"。吴官正并不因此而改变自己的做法。他分析了这个同学的特点，认为他对时事很关心，对党的各项政策也都拥护，大方向还是比较明确的，虽在学习上还有些个人主义的小算盘，经过帮助是可以改正的。吴官正在和这位同学接触中，一方面热情地肯定他学习认真等优点，向他学习；一方面又和他一起讨论形势，引导他关心政治、关心集体。在他们去西安实习时，团支部利用修正主义者在这个厂的设计、施工中欺负我们的一些事实，组织了学习讨论。这个同学回校后，有不小变化。

1963 年量五班去西安实习时，正是炎热的夏天，同学们对学习劳动感到不太适应，使实习受到了一定的影响。回校后吴官正反复地想："同学们在实习劳动中的表现，说明了身体还不能过硬。"这时，全校同学正在开展"思想好、学习好、劳动好、身体好"的创造四好班活动。他感到：身体不好不符合党的要求，班上应当加强这一薄弱环节，迅速解决健康不好的情况。他和团支委和班委会一起研究了如何争取"四好"的工作。他们分析了以前班上体育锻炼中的问题，根据班上具体情况订出锻炼计划，班委会指定专人负责群众锻炼和保健工作。班上的体育锻炼就这样开展起来了。

吴官正在工作中认真领会党的方针政策，根据党的方针政策开展工作，既在同学的进步中尽到了自己的责任，又受到了工作的锻炼，在党所指引的又红又专的大道上很快地成长起来，成为一位优秀毕业生。

# 工农牌的大学生 *

葛化报道组
（1973 年 7 月 21 日）

葛化技术员、共产党员吴官正，原来是清华大学的研究生，分配到这个工厂工作后，五年多来，在与工农相结合的道路上迈出了可喜的一步。工人们夸他："越来越像工农牌的大学生了。"

吴官正在清华大学是学仪表自动化专业的。可是他刚到葛化时，厂里只有普通的压力表、流量计，有人说："这里的自动化等于零。"他想：我在学校里学的是自动化，这里一化也不化，学的东西怎么用得上呢？但他又想：分配时自己向党组织表示的决心是那样大，来厂后工人师傅对我们的期望是那样殷切，难道说我在"零"字面前就无所作为了吗？

有一次吴官正来到锅炉车间维修仪表，工人师傅听说他是学自动化的，就指着水位计对他说：锅炉水位的变化很难掌握，要是能搞个"自动化"该多好啊！工人们的呼声，深深触动了吴官正的心弦。他和仪表组的工人和技术人员商量准备用电动单元实现锅炉水位的自动。

控制。但又想，电动单元是一项先进技术，难以一试就成功，而锅炉又是全厂的心脏，搞得不好出了问题，责任可担当不起啊！

工人们看出了他的心思，满腔热情地对他说：你大胆干吧！出了问题，责任我们担，失败了再干嘛！

工人们的支持给了他很大的鼓舞。他和工人们以及其他技术员一起学习、研究，一起制定方案。为了做到准确不误，他反复计算了每一个理论数据。为了掌握锅炉水位的变化情况，他夜以继日地跟班劳动。饿了，就托人从食堂带来几个馒头，实在太困了，就地打个盹儿。

突然停电怎么办？负荷量突然变化了又怎么办？在实践中，他遇到了一

* 此文原载于《长江日报》。

道道难题。开始，他拼命钻书本，找资料，但有的问题还是不能解决。后来，他就迈开双脚到车间请教工人师傅。书本上没有的，工人们提出来了；自己没有想到的，工人们想到了。比如书本上说，在处理空气净化时，要用矽胶羊毛毡。可是，厂里找不到，买又不划算，怎么办？工人师傅说：这好办，用食盐、玻璃棉就行了。实践证明，又管用，又简便。

艰苦的劳动换来了可喜的收获。锅炉水位自动控制终于成功了。接着吴官正又和工人群众一起，在液氯、电解几个工段装上了几套自动化仪表设备。

为了加快社会主义建设步伐，吴官正并不因此满足，他决心在一年时间里把厂里的仪表自动控制提高到一个新水平。厂党委大力支持他的想法，同时提醒他，不能单靠个人的力量，要充分依靠广大工人和技术人员的积极性、创造性。

在吴官正的带动下，仪表组的工人、技术人员组成三个调查组，分头到各车间了解情况，并经过充分讨论，提出了一年之内实现十项仪表技术革新的战斗规划。

一场群众性的仪表技术革新活动开展起来了。吴官正看到有些青年工人技术上不去，就热情地给他们上技术课。他说："我们不仅要向工人群众学习生产技术，而且有责任把我们所学的理论知识传授给工人，为建设一支以工人为主体的技术队伍贡献力量。"在他的帮助下，青年工人们刻苦钻研仪表技术基本功，把先进的DDz-1型电子仪表，成功地用于氯化苯生产。

经过大家的努力，用可控硅实现温度自动控制的技术革新成功了；用射流技术控制糠氯酸母液贮槽浪面的项目也上去了。技术革新规划的十个项目只用了半年时间都实现了。

去年9月，吴官正被提拔为厂技术科副科长。工人们说他当"官"不像官，有技术不摆架子，跟工人一个样。农药一车间氯化锌质量过去一直过不了关，吴官正便和科室人员一起去攻关会战，他深入班组，拜工人为师，和工人们一起出大力，流大汗，以路线为纲，学习和总结工人丰富的实践经验，问题抓得准，成果出得快，经过一个多月的日夜奋战，终于攻下了质量关。

一次又一次的实践，使吴官正懂得了一个真理：群众好比是大海，自己不过是大海中的一滴水。千千万万滴水汇在一起，才能形成汹涌澎湃的海洋。知识分子只有投身到工农群众这个汪洋大海中，才能发挥自己的作用。

# 读吴官正同志著作有感*

张振明

吴官正同志著作《汉水横冲》、《正道直行》、《民贵泰山》，近几年来陆续由人民出版社出版。在这几部著作的编辑出版过程中，本人有幸作为责任编辑参与其中；这也使我有机缘深入官正同志的精神世界，感受其独特魅力。下面，我结合官正同志已出的四部主要著作（即《庙堂之高 江湖之远》和上述三部著作），结合书稿编辑出版过程中的一些切身体会，谈一谈个人感受和学习心得。

## 一位爱憎分明的性情者

**作者的性情不是个人的“小性情”，如我们平常所说的“性情中人”；而是和广大老百姓联系在一起的“大性情”：他爱憎分明，视民如伤，疾恶如仇。**

山东省委一位领导同志在《民贵泰山》读书交流会上曾谈到：“无论是与官正书记一起共事的省级领导班子成员，还是普通的基层干部和人民群众，都有一个共同的体会，官正书记是一个具有强烈的亲民意识的人，是一个爱憎分明的人：对广大人民群众、对普通老百姓，他始终怀着深切的爱，牵挂在心，满腔热情；对侵害群众利益、欺压百姓的人和事，他又是那么深恶痛绝，坚决查处，毫不姑息。”作者这种爱憎分明的真性情，在他从地方到中央的整个工作经历中是一以贯之的。

比如，对于信访工作，作者自担任领导干部工作以来就一直高度关注，一直紧抓在手，这从一个侧面非常典型地反映了作者的真性情。在《汉水横冲》一书中，我们看到，在任武汉市市长期间他提出：“群众来信来访反映的大大小小问题，都是人民群众的心声。我们一定要设身处地为群众着想，与群众同心声，共安危。”“但是，有少数单位和领导同志对待人民群众的来信

* 此文原载于《上饶日报》。

来访，采取官僚主义不负责任的态度，‘推、拖、顶、了’，该解决的问题不解决，把矛盾上交，使上访人员到处奔波，这种状况必须坚决加以纠正。”他还说到：“胡耀邦同志经常过问信访工作，对信访工作作了许多批示。他每天要亲自阅批一两封重要的人民来信，难道我们的工作比耀邦同志还要忙吗？”他由此提出建议：每个县处级以上领导干部每月至少亲自处理两起重要信访问题。在《庙堂之高 江湖之远》一书中，作者也曾深有感触地谈道：“一个人顺顺利利过日子感觉不到什么，一旦有困难，则非常需要人帮助。群众有困难给我们党政机关写信是下了很大决心的，有的甚至是冒着风险反映问题，对我们寄予了很大的希望。”他鲜明地提出：“怎样做好信访工作？我看最重要的一条就是对人民群众要有深厚的感情。”从江西调任到山东，他上任第一天就是到山东信访局走访。在以后一次省信访工作会议上，他谈到：“我小时候家里很穷很苦，受到许多不公正的待遇。我能有今天，是党和人民的关怀和培养，我永远记得帮助过我的老师和领导。我现在处理信访时，总是想到穷人，想到要公正地对待老百姓。忘记过去就意味着背叛，忘记了穷人同样意味着背叛。”这段话在广大网民中引起了强烈共鸣，造成了很大反响。对此，山东省信访局一位同志在读书交流会上深情谈道：“《民贵泰山》一书收录了多篇吴官正同志有关信访工作的讲话，今天读之仍记忆犹新。虽然说的是信访，却不仅仅是信访，体现的是他始终心向群众、视民如伤的浓烈百姓情怀，贯穿的是他人民至上的科学执政理念。”“吴官正同志每天早上6点左右上班，在省委机关门前和驻地遇有上访群众时，就会自己下车走到群众中间，亲自接待上访群众，问寒问暖，主动了解、过问和督促解决群众反映的问题。”作者直面信访群众，表明在他的内心深处，群众的事情最大、百姓的位置最高。在《正道直行》一书中，我们则看到，作者在主持中央纪委工作期间，郑重写信要求中央纪委信访室以高度负责的精神做好信访工作，他说：“我理解，干部、群众的来信，总的来说是对我们的信任，对我们的希望，万望处理好。”

除了信访工作，这四部著作中还有大量体现和反映作者爱憎分明真性情的细节。比如，在《庙堂之高 江湖之远》一书中，他谈道：“中小学危房是人命关天的大事。解决中小学危房不能简单地看成是解决危房问题，而应从战略的高度来看待它。没有人才的培养，可以说是没有出路的。”这件事情解决不好，“上对不起祖宗，下对不起子孙。”江西省一位领导同志也曾深情谈到：“他的为民情怀不是心血来潮，时过境迁；这种情怀伴随他走过千山万水，走过乡村、车间和每一个工作岗位。”“对违反法纪的人和事，他就像眼睛里揉不得沙子一样。一次有位村支书到他面前告状，说村民不听话，连村委会烧饭的大锅都叫人给砸了。官正同志听后，连声说：‘砸得好，应该砸，谁叫你们吃吃喝喝。’”在《民贵泰山》中，我们能看到一个党的高级领导干部所作的几次深刻自我检讨，这是极其难得的真情流露。其中有一次，作者谈到：“个别干部扰民、作假甚至骗人让我看到‘政绩’，其实这是败绩，我很难过。在一两个地方，我也曾有所察觉，为了顾全一些干部的‘面子’，怕‘伤’一些同志，压住了火，没有及时严肃指出，我对不起那里的群众，应作检查，我应负责。请党支部向宗亮同志请示，给有过这个问题的地方的领导打个招呼，引以为戒。今后如发现有扰民、作假、骗人等讨上级领导‘喜欢’的做法，一定要请省纪委从严查处，否则败坏党风，败坏一代人风。”在《正道直行》一书中，我们看到，在任中央政治局常委、中纪委书记后，他经常到一些事关人民群众生活福祉的重点民生部门，如教育部、卫生部、建设部、国家食品药品监督管理局、国家环保总局等部门调研，高度关注教育乱收费、看病就医、城市房屋拆迁管理、清理拖欠农民工工资、制售假冒伪劣食品药品、人民群众的环境权益等老百姓最关心的诸多问题，向这些职能部门明确提出严格的工作要求。在一次调研中，他他严厉地说道：“谁得罪了群众，谁就得罪了共产党，得罪了政府，我们就要坚决查处他。制售假冒伪劣食品药品本质上就是谋财害人，都是可恶缺德的人，群众非常痛恨，要让他们成为‘过街老鼠，人人喊打’，绝不能手软。”作为中纪委书记，他有一句很有名的话：“对那些应当依法严惩的腐败分子，要让他们付出沉重的代价，在政治上身败名裂、经济上倾家荡产、心理上后悔莫及”，这集中体现了他视民如伤、疾恶如仇的思想品格和工作作风。在一封致家乡的信中，他写道：“刚才，我得知一亲戚太不像话，很是气愤。有的人狗仗人势，如不严加管教，乡无宁日。”以上言谈话语、字里行间，都流露出作者关注百姓疾苦的亲民之心，体现出一个共产党人特有的爱恨真性情。

### 一位心地清净的苦行者

**作者出身贫寒，最后身至高位，却一直保持着清贫者的本色。他生活简朴，工作学习勤奋刻苦；他心地清净，清正廉洁，一心勤政为民。**

作者出生于贫民家庭，凭着自身的勤奋和聪颖，考上了清华大学动力系。他的大学同学回忆说，从本科到研究生，冬天他一直穿着同一件破棉袄，还用一根绳子系着。这种生活上的清贫简朴，慢慢地内化成他的一种内在作风。他任武汉市长时的一位身边工作人员回忆起当时的情况说：“官正同志非常廉洁。他传承了农民身上最质朴的东西。夏天穿一双塑料凉鞋，冬天穿一双解放鞋，穿一件军大衣，戴一顶军棉帽，从衣着打扮上看，很难想像他是一个市长。”

生活中作者清心寡欲，工作中他又马上变成了另一种人，经常处于一种精神高度集中的忘我的工作状态，体现出高度的工作热情和激情，是典型的“拼命三郎”的作风，有人甚至说他工作起来到了“不要命”的地步。这种忘我的工作状态，从作者一开始走上工作岗位便是如此。他由清华大学研究生毕业后，首先到武汉市葛店化工厂担任技术员。对这段工作经历，武汉《长江日报》1973年刊载的一篇专文报道曾有这样的描述和记录：吴官正“拜工人为师，和工人们一起出大力、流大汗”，“他夜以继日地跟班劳动。饿了，就托人从食堂带来几个馒头，实在太困了，就地打个盹儿。”这位清华大学的研究生也由此被工人们亲切地称为“工农牌的大学生”。在走上武汉市市长岗位后，这种刻苦的状态就更为显现。他当时一位身边工作人员回忆说：“他像‘机器’一样完全不间歇地运转，当时政府办公室很多人跟不上他的节奏，一般而言，白天参加重要的活动、会议，处理政府的日常事务，晚饭后，除了有会以外，大部分时间就是下厂，深入基层，深入实际。为了了解企业的真实情况，经常带个把工作人员，事先也不通知厂领导和市直分管部门领导，直接到车间看生产情况，坐在旁边和工人交谈，了解工人队伍和工厂的运行情况。”江西省一位领导同志也曾谈到：“为了解真实情况，他经常只带身边工

梁启超与清华校训。1911年，清华学堂初创时提出以“进德修业、自强不息”为教育方针。1914年，梁启超先生到清华作题为《君子》的讲演，以“自强不息”、“厚德载物”激励清华学子发愤图强。

作人员，不打招呼，独自下去考察。”另一位省领导则回忆说：“在江西一次生病输液，当听说发生紧急安全生产事故，他二话没说，拔掉针头，拧开葡萄糖水瓶盖，咕嘟咕嘟喝完立即赶往现场。”“官正同志不论在哪里工作，只要这个地方持续干旱或下雨，他就会彻夜难眠，有时竟然会在斗室辗转踱步，眼睛充满血丝，嘴唇长出水泡，忧心如焚之情跃然眼前。”山东省委一位领导同志也谈到他工作的一个很大特点，“就是雷厉风行、立说立行。很多重要的工作往往连夜开会研究，连夜部署落实，抓住不放，问题不解决他就寝食难安、心急如焚。”在我看来，作者这种刻苦的看似“机器”式的工作状态，内含着感情和激情，首先是他对人民群众、对广大老百姓的深沉强烈的感情。或者说，他苦行者的角色与他性情者的角色是内在统一的：正因为他心中装着大爱，所以他才能吃得了大苦。

工作中，作者是“拼命三郎”的作风；学习对于他来说同样重要，与工作并行不悖，勤学善学，学为己用。对此，江西省一位领导同志谈道："好学，是官正同志的又一个特点。""官正同志曾经给我讲过，他每天早上四点钟左右就醒了，然后看书到天亮，几十年都是这样过来的。"他曾大声疾呼："必须学习，不学不行，不学就会落后，不学就难以承担重任，不学就会被时代淘汰。"他认为："领导干部勤于学习，勤于思考，不仅可以开阔眼界，增长见识，也有助于陶冶情操，提高思想境界和道德修养。境界上去了，修养加强了，对个人的名誉、地位、利益等问题就会看得透、想得开，淡泊明志，就不会斤斤计较个人得失。"他还曾告诫说："我们的干部在8小时之外，要自尊、自爱、自省，不要放松对自己的要求，不要去不该去的地方，不要总是找不到人。要保持高度的警醒，常修为政之德、常思贪欲之害、常怀律己之心。"作者"苦行者"的境界和修养，值得我们每一个人特别是各级领导干部深入学习。

### 一位自律自醒的领导者

**作者具有高度的自律意识，思想深处内含着一种可贵的历史清醒，他的所言所行体现了一种智慧、一种胸怀、一种觉悟。**

在《民贵泰山》一书中有一篇文章《老老实实做人 踏踏实实做事》，这是作者在党内组织生活会上的一篇发言。正是这篇个人发言，其中讲到的几个观点，包括"夹着尾巴做人说"、"人走茶凉说"和"鼻子论"等，在互联网上引起强烈反响和广大网友们的强烈共鸣，很多网友纷纷发帖、跟帖留言。从作者说"人贵有自知之明。我也有不少缺点、错误。'政声人去后'，现在人家说你好，不算好，将来人家说你正确，那才算正确。历史不是写出来的，是干出来的,老百姓心里有杆秤,这才是衡量正确与否的标准。"又说"我认为，还是人走茶凉好。有的人希望家里总是门庭若市，这是不可能的。人走茶非凉不可，不然就会变馊"，到他对外出工作提出明确要求："我到省内各地市县工作，万万不要用警车领路"、"决不能沿途布哨站岗"，再到他对新闻报道工作提出具体建议："省委领导同志的讲话，从我开始，不要讲'重要讲话'，把'重要'两个字去掉，讲话那么多，哪有那么多'重要'啊！""在报道里面对我赞扬的话无论如何不要写，什么‘轻车简从’、‘冒着寒风……’，全部删了去。我们在地方工作本来就应该这样”，作者的这些言与行，体现了一个党的高级领导干部的自律与清醒，值得我们各级领导干部大力学习。

在《正道直行》中，时任中央政治局常委、中纪委书记的他谈道：“有权有势的时候，别人也会为你的讲话鼓掌，有真心的，也有不真心的。有些话他们听了，表面上吹捧一番，实际上是讥讽。一定要头脑清醒。”在一封家书中他写到:“在任何时候，首先要想到别人的感受，要尊重同事、亲友和陌生人，夹着尾巴做人，好自为之，这是一个领导干部应该做到的。要记住，一个家族，如某一件事处理不好，兴难衰易，很容易会走向反面。”“历史和现实告诉我们，忠厚好，谦让好，吃亏好，这对后代好！”作者身居高位却始终提醒要“要夹着尾巴做人”，这其中就包含着深刻的让的哲学。在这个意义上，作者确实是一位具有哲人智慧的智者。

### 一位具有前瞻意识和战略眼光的实践者

**作者的前瞻意识和战略眼光，是一种对于现实实践及其矛盾的敏锐洞察力，基于宏阔的视野、强烈的人文意识和严密的系统科学思维。**

作者求学受教于理工科，具有缜密的系统科学思维，这种教育背景，使他善于总揽全局，统筹兼顾，以整体性、开放性、创造性的思维方式和宏阔的视野，来观察、分析和解决现实实践中的矛盾和问题。

作者任武汉市市长的年代，恰逢中国城市经济体制改革的兴起。他 1985 年 10 月在中央党校的讲课稿《城市改革是一项巨大的社会系统工程》，实际上是对当时整个武汉成功改革经验的系统理论总结。他指出：“以城市为重点的整个经济体制改革，是一项十分艰巨复杂的社会系统工程，其内部各方面、各环节互相依存，互相制约，处于不可分割的联系之中。这就要求运用系统论的观点，搞好全面配套改革。”1986 年，他在由武汉调任江西前的一篇讲话《勇于探索 推进改革》中又特别指出：“全面改革是实现社会主义现代化的必由之路。”“政治体制改革是全面改革的一项重要内容。我们在改革经济体制的同时，也要在政治体制改革方面积极探索，大胆开拓，为建立高度民主、法制完备、富有效率的政治体制作出努力。”

作者关于改革的实践与理论探索具有创新性意义，他关于发展的理念同样具有前瞻性，这主要表现为其生态意识和文化意识。

作者在江西工作期间抓的一项具有历史意义的基础性工作就是江西的山江湖治理工程。他在《庙堂之高 江湖之远》的一篇讲话中指出：“江西山江湖治理是造福子孙后代的跨世纪工程。我们的目标是，用半个世纪左右的时间（现在已经过去10年了），把江西山江湖治理成为发展中国家区域开发治理的典范。美国的田纳西州是发达国家典型，那里的治理大概也用了半个世纪。今后再用40年左右的时间，我看达到这个目标是完全可能的。”“要搞好江西山江湖工程,我们应当打好一张牌。打什么牌呢？就是‘发展与环境’牌。当前，世界上最重要的议题就是发展与环境。”保护好我们的外部生存环境，为子孙后代留下本来应该属于他们的财产，这是当代政治家必须思考而不可逃避的问题，体现出当代政治家一种新型的“责任伦理”意识。作者在当时一个经济发展相对落后的内陆省份，举起“发展与环境”的旗帜，大力推动山江湖开发治理，显得尤为难能可贵。我想，正是因为在上个世纪八九十年代就具有了这种开阔的视野和超前的意识，我们今天才得以看到我们江西大地依旧是青山绿水、山好水好。正如江西省委主要领导同志所恰当指出的:“吴官正同志在江西工作期间，高度重视生态环境的保护和建设，亲自提出并主抓实施了山江湖工程。我们今天提出的鄱阳湖生态经济区，就是山江湖工程的延续和拓展。因此，我们要在加快鄱阳湖生态经济区建设，加速推进新型工业化、新型城镇化进程的同时，进一步加大对生态环境的保护力度，把鄱阳湖生态经济区建设成生态文明与经济文明协调发展的有机统一体，永保鄱阳湖‘一湖清水’。”

在《民贵泰山》一书中，我们也看到，在山东工作期间，无论是对于海洋开发、山区开发，还是城市化建设，作者都一以贯之地强调要在开发的同时注意保护，要讲求环境效益、生态效益。

除了环境与生态,对于地方的发展,作者还特别强调一种可贵的文化意识。在江西期间，作者大力倡导、强烈关注赣文化建设，他说：“赣文化，有辉煌的过去，有繁荣的现在，也将会有美好的未来。”在山东期间，他高度重视齐鲁文化的传承和开发，指出“我们要通过发展山东的文化产业，发挥我国优秀文化资源的影响和辐射作用，使中华文化的‘纽带’作用得到进一步体现。”他强调要在继承优秀文化遗产上发展我们的旅游事业，做好文化旅游开发这篇文章。他还强调：“城市特色的根基在文化，文化是城市的灵魂。要高度重视文化在城市发展中的重要作用，把发展城市文化作为城市经营的重点来抓。”

作者高度重视在现代社会发展中注入传统文化的因子。他认为：“文化建设可以产生凝聚人心的作用，可以满足人们的精神文化需要，可以产生巨大的社会效益和经济效益。”在我看来，作者的这种“文化情结”具有更深层次的精神渊源，正如他在《民贵泰山》一书中所谈到的：“任何一个民族的自尊、自信和自豪，都源自本民族深厚灿烂的文化。有特色有个性的民族文化，是一个民族的灵魂。失去了文化的特色和个性，也就意味着失去了民族精神。”

山东省委一位领导同志深情回忆说：“我至今仍清楚地记得官正书记离开山东前在省委常委会上专门交代的两件事，一是要高度重视山东的教育发展特别是高等教育，二是要抓好山东的绿化，足见官正书记思虑之远、把脉之准、期望之切。”我个人认为，对于教育工作和绿化工作的念念不忘和牵肠挂肚，从一个重要侧面反映了作者对于地方发展实践中在文化与生态上的殷切期望。

作者的生态意识和文化意识，实际上都是在强调一种关于发展与保护的辩证法：我们在致力于推动经济建设向前发展的同时，不要忘记对于生态自然和文化传统的保护。无论是发展的文化意识，还是发展的生态意识，实际上都是一种家园守护意识，具有强烈的人文性：对文化传统的保护，是对人的内在心灵家园的守护；对生态自然的保护，则是对人的外部生存家园的守护。这种人文意识和人文精神，与作者的亲民爱民意识，是内在统一的，或者说他的“生态情结”、“文化情结”同他的“百姓情结”是一而二、二而一的，都是对于人的本质的关注。

作者在发展问题上的前瞻意识，还体现在他有关转变经济增长方式的论述中。阅读《民贵泰山》一书，我们会发现，作者早在 1997 年 7 月在山东省委理论学习中心组读书会上的发言中就鲜明地提出：“实现由经济大省向经济强省的跨越，关键在于促进经济增长方式的转变，提高全省经济的整体素质。今后我们的经济工作，要围绕强省做文章。”在同年4月、11月两次考察临沂时的谈话中，他同样谈道：“要使我们的同志知道，经济的增长尽管要付出代价，但要以极小的代价来取得最有效的增长，这符合《自然辩证法》的观点。加快经济发展是对的，但资源消耗要合理，要把环境保护好，经济效益也要提高，这样才是有效的增长方式。”当时作者从江西来到山东工作刚刚几个月，但对影响山东经济社会发展的突出矛盾和问题却有敏锐的洞察和把握，相关的理论思考具有前瞻性。虽然当时还没有提转变经济发展方式，而只是提转变经济增长方式，但后来采取的很多实际措施，如调整和优化经济结构、增强科技创新能力、实施经济国际化战略等，对于我们今天深入贯彻落实科学发展观、加快转变经济发展方式仍然具有借鉴意义。

总的来说，吴官正同志的这四部著作，既有对于一个典型性城市在改革开放初期试验性改革实践的思考，又有对于发展相对落后的内陆省份和发达沿海省份的发展实践的思考，还有对于党风廉政建设这一党的建设新的伟大工程的关键领域的深度思考；这四部著作，可以说作为一个整体，从一个侧面记录和反映了我国改革开放的历程，具有重要的资料文献价值和现实参考意义。

责任编辑:阮宏波
装帧设计:马仕睿

**图书在版编目(CIP)数据**

尚真唯实 清心笃行/王志宏 张振明编著. -北京:人民出版社,2011.12
ISBN 978-7-01-010453-9

Ⅰ.①尚… Ⅱ.①王… ②张… Ⅲ.①书评-中国-现代-选集 Ⅳ.①G236

中国版本图书馆 CIP 数据核字(2011)第 248030 号

**尚真唯实 清心笃行**
SHANG ZHEN WEI SHI QING XIN DU XING

王志宏 张振明

人民出版社 出版发行
(100706 北京朝阳门内大街 166 号)

环球印刷(北京)有限公司印刷 新华书店经销

2011 年 12 月第 1 版 2011 年 12 月北京第 1 次印刷
开本:710 毫米×1000 毫米 1/16 印张:17.25
字数:150 千字 印数:00,001-10,000 册

ISBN 978-7-01-010453-9 定价:38.00 元

邮购地址 100706 北京朝阳门内大街 166 号
人民东方图书销售中心 电话 (010)65250042 65289539